신부님의 속풀이 처방전 2

화나면 화내고 힘들 땐 쉬어

신부님의 속풀이 처방전 2

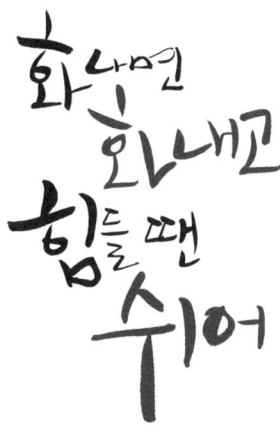

화나면 화내고 힘들 땐 쉬어

홍성남 신부 지음

orιι무ᄆ

잘 버티세요

요즈음 경제가 어려워지면서 마음이 무너지는 분들이 많이 생기고 있다는 가슴 아픈 이야기를 듣습니다.

먹고살 걱정 없는 신부가 그 깊은 아픔까지 어찌 알겠습니까만 저 역시 몇 년을 끄는 재개발 현장에서 온갖 협잡꾼들, 투기꾼들과 전쟁 아닌 전쟁을 치루면서 성당을 빼앗길지도 모른다는 불안감에 몸에 병이 나고 불안감과 우울감에 마음이 무너져서 힘겨운 시간을 보내기도 했습니다.

그러는 동안 마음속에서 이렇게 질 수 없다는 오기가 생겨났습니다. 그 후로 제가 아는 온갖 심리치료기법을 동원해서 겨우 마음을 추슬렀습니다. 그리고 지금은 동네 한가운데 덜렁 남은 성당을 지키는 장수의 마음가짐으로 버티면서 살고 있습니다.

대부분의 사람들이 살아가면서 많은 시련들을 겪게 됩니다. 그리고 모든 문제의 발생 원인을 자기 탓으로 돌려버리는 경우가 많습니다. '전생에 내가 죄를 많이 지어서' 하고 말이죠.

정말 그럴까요? 아니오, 절대 그렇지 않습니다. 인생은 원래 쭉쭉 잘 나가는 아스팔트가 아니라 울퉁불퉁한 비포장도로니까요. 내가 죄를 지어서가 아니라 그냥 인생이란 게 원래 힘든 일도 겪게 되고, 기쁜 일도 맞게 되는 것이기 때문입니다. 이것만 인정하면 삶이 훨씬 편해집니다. 하지만 그 인정이 쉽지는 않죠. 자꾸 문제와 부딪치고 깨지면서 얻는 지혜이기 때문입니다.

이 책은 지금도 고달픈 인생살이에 시달리면서 힘겹게 살고 있는 분들께 작은 도움이 되었으면 좋겠다는 마음에서 출간한 것입니다.

부디 마음의 힘도 기르고, 육체의 건강도 추스르셔서 주어진 인생을 보다 행복하게 즐겁게 만들어가시길 바랍니다.

재개발로 엉망이 된 서울 가좌동성당에서
홍성남 신부

contents

01.
행복해지고 싶어?
생긴 대로 살아

02.
삶은 원래 울퉁불퉁해, 힘들 땐 쉬어

01.
행복해지고 싶어? 생긴대로 살아

:

자신이 만들어놓은 틀에 억지로 맞추려고
하다보니 탈이 납니다. 둥근 사람은 둥글게,
모난 사람은 모나게 살면 살맛이 납니다.
모든 사람이 긍정적으로 살 필요도 없습니다.
슬플 땐 울고, 화나면 화내야 건강한 삶을 살 수 있습니다.

어두운 동굴 같은 내 마음

•
•
•
•

하루도 빠짐없이 예수님께 기도를 하는 자매가 있었습니다. 매일 부르는 소리에, 주님은 몹시 바쁜 와중에도 짬을 내어 그 자매와 면담을 하셨습니다.

"그래, 뭐가 문제인가?"

"남편이 술을 끊지 않습니다."

"몇 년이나 됐나?"

"무려 40년입니다."

"음. 주사(酒邪)가 심한가?"

"그렇지는 않습니다."

"술을 마시면 남편이 기분 좋아하는가, 나빠하는가?"

"평소에는 말이 없는 사람인데, 술만 마시면 확 바뀌어 음주가무의 선봉장이 됩니다."

"그렇다면 술만 마시면 행복하다는 거 아니냐?"

"그렇긴 한데 남편 간덩이 걱정도 되고 해서 제가 많이 속상합니다."

"술을 마시면 남편은 행복한데 너는 불행하고, 술을 안 마시면 남편은 불행한데 너는 행복하단 말이구먼."

"뭐 꼭 그렇다기보다는 남편이 술 안 마시고 자기 건강관리나 했으면 합니다."

"결국 남편이 술 마시고 행복해하는 걸 보면 속상하다 그 말 아닌가?"

"어째 주님은 그리 말귀를 못 알아들으십니까? 결혼을 안 해보고 돌아가셔서 아내들 마음을 전혀 모르시는군요."

"아니, 내가 혼자 살다 죽어 총각귀신이 된 것도 억울한데 그게 뭔 말이냐? 내 속을 긁어놓았으니 어디 한 번 당해봐라."

단단히 화가 나신 예수님은 자매에게 무서운 벌을 내리셨습니다.

"앞으로 너는 남편 때문에 속이 상할 때마다 라면이 두 그릇씩

먹고 싶은 마음이 들 거다!"

그 바람에 결국 그 자매는 감당 못할 비만녀가 되었다는 슬픈 이야기가 전해 내려오고 있습니다.

우리가 습관적으로 사용하는 말 가운데 '문제'라는 말이 있습니다. 누군가 우울한 얼굴을 하고 있으면 "너 무슨 문제 있냐?" 하고 묻고, 아이들이 속상한 일을 저지르면 "저 녀석 '문제아'로구나"라고 합니다. 안 좋은 일이 생겼을 때도 "나한테 문제가 생겼어"라고 말하지요.

'문제'란 골치 아픈 무엇이라는 뜻이고, 우리는 이런저런 문제를 해결하기 위해 여러 가지 방법을 동원합니다. 하느님께 기도를 하거나 무당에게 굿을 청하기도 하고, 점쟁이를 찾아가 점괘를 봐달라고도 합니다.

그런데 문제를 해결하기 위해 가장 중요한 것은 '누가 문제인가?'를 아는 일입니다. 이때 누가 어떤 행동을 하며 사느냐가 아니라 누구의 마음이 불편한가, 누구의 인생이 불행한가가 중요합니다.

예컨대 실직한 남편이 쥐꼬리만한 용돈으로도 재미나게 지내고,

공부 못하는 자녀가 친구들과 정신없이 노는 모습을 보고 속이 상하다면 문제는 남편이나 자녀가 아니라 속상한 사람 자신에게 있는 것입니다. 그러나 많은 분들이 자기 문제는 뒷전에 두고 남편이나 자녀에게 문제가 있다며 상담을 청해옵니다. '내게 문제가 있어'라고 생각하는 경우는 흔하지 않습니다.

대부분의 사람들은 나의 내면을 들여다볼 생각은 하지 않고 늘 다른 사람 탓을 하며 삽니다. 왜 그럴까요? 우리 마음이 동굴 같기 때문입니다. 깊고 어두운 동굴 속으로 선뜻 발을 들여놓기란 무척 겁이 나는 일입니다.

게다가 그 동굴 속에는 그동안 돌보지 않고 버려두어 괴물이 되다시피 한 자아들이 여기저기 고아들처럼 숨어 있습니다. 도무지 가까이 다가가 들여다볼 엄두가 나지 않게 되지요. 그러나 아무리 두렵고 불안하더라도 자신의 내면을 들여다보아야 합니다. 모든 문제의 답이 바로 그 안에 있기 때문입니다. 처음에는 힘이 들 것입니다. 보려고 해도 잘 안 보이기도 하고요.

이렇게 자기 안을 들여다보는 일을 자기탐색이라고 합니다. 윤리적 판단이 개입되는 자기성찰과 달리 자기탐색은 훨씬 우호적

이고 친밀한 자기접근 방식입니다. 좋다, 나쁘다 스스로 만들어 놓은 기준에 맞춰 판단하지 않고 있는 그대로의 자기 모습을 보는 것이지요.

문제는 그때 해결됩니다.

> 우리는 내가 아니라 상대방에게
> 문제가 있다고 여깁니다.
> 하지만 해결책은 바로 내 안에 있습니다.

피해의식 못 벗으면
하느님도 피해 가

．
．
．
．

베드로 사도가 오랜만에 하느님을 뵈러 대전에 들어갔습니다.
그런데 그렇게 정정하던 분이 흰 머리가 부쩍 늘고 수건으로 이마
를 싸맨 채 누워 계셨습니다. 근심스러운 마음에 베드로 사도가
여쭈었습니다.

"하느님, 어디 편찮으십니까?"

"천당에 웬 골치 아픈 놈이 하나 들어와서는 이렇게 내 속을 썩
이는구나."

"무슨 말씀이신지?"

그동안 쌓인 게 많았는지 하느님은 열심히 설명하기 시작하셨습

니다.

몇 달 전에 생활고를 비관해 자살한 남자가 하나 있었습니다. 자살했으니 당연히 지옥행이건만 어찌나 서럽게 울어대는지 하느님은 그만 짠한 마음이 들어 저승사자한테 용돈을 쥐어주고 천당으로 빼돌리셨습니다. 그런데 남자가 오고부터 주민들이 민원을 올리기 시작했습니다. 특별히 말썽을 부리지는 않는데 주위 사람들을 너무 힘들게 하니까 격리 조치를 해달라는 청원이었지요. 민원인들에게 하느님이 물으셨습니다.

"그자를 잘 달래보지 그랬느냐?"

"누가 무슨 말이라도 할라치면 네가 나를 얼마나 안다고 그러느냐, 내가 얼마나 힘들게 산 줄 아느냐면서 난리를 쳐서 다들 아무 말도 못합니다."

하는 수 없이 하느님은 남자와 개인면담을 하셨습니다. 그의 이야기를 들어본 바, 살아 있을 때 정말 열심히 노력했고, 기도도 엄청나게 많이 했는데도 사업에 실패했다는 것이었습니다.

"무슨 사업이었냐?"

"동네에서 파친코를 했습니다. 그런데 이놈이 와서 뜯어먹고 저놈이 와서 뜯어먹고 하는 바람에 본전도 못 건지고 망해버렸습니다. 다 그놈들 때문입니다."

"그래서 어떻게 했는고?"

"사업이 실패하고 나니 마누라는 애들을 데리고 집을 나가버렸습니다. 망할 여편네 때문에 저는 홧술만 마셨지요. 어느 날 하도 속이 쓰려 위장약을 먹는다는 것이 그만 수면제를 대량으로 먹는 바람에 자살 아닌 자살을 하고 말았습니다."

말을 이어가던 남자는 갑자기 하느님 면전에 삿대질을 하며 소리치기 시작했습니다.

"저는 교무금, 헌금 꼬박꼬박 내면서 오랫동안 성당에 다녔습니다. 기도도 많이 했는데 하느님은 도대체 뭐 하고 계셨습니까? 이게 다 하느님 때문입니다!"

남자의 고함과 삿대질에 하느님은 너무 놀라고 화가 나서 그만 화병이 들고 만 것입니다. 하느님은 베드로 사도에게 푸념하셨습니다.

"천당에서 내보낼 수도 없고, 두고 볼 수도, 데리고 살기도 힘들고, 어찌하면 좋을지 고민이다."

"뭐 그런 걸 고민하십니까? 천당 외진 산골짜기에 카지노 하나 차려주고 관리하라 하시고, 그놈처럼 남 탓만 하는 자들이 오면

다 그리로 보내시지요."

"그거 좋은 생각이다. 그 대신 비슷한 놈들끼리 있으면 무슨 사고를 칠지 모르니 베드로 네가 카지노 지배인을 해라."

그렇게 해서 베드로 사도는 천당 카지노 지배인이 되었는데, 남 탓하는 자들한테 하도 스트레스를 받아 매일 "요 입이 방정이다" 하며 자기 입을 때리는 바람에 입이 밤탱이처럼 부어 있다는 안타까운 이야기입니다.

살다보면 궂은일을 겪게 마련입니다. 그럴 때 누구나 좌절감에 빠지고, 원망하는 마음을 갖지만 시간이 지나면서 자리를 털고 일어나게 되지요. 하지만 어떤 사람들은 피해의식 속에 눌러앉아버립니다. 이를 '피해자 증후군'이라고 합니다.

증상은 이렇습니다. 일이 잘못되었을 때 자기 책임은 생각하지 않은 채 남들만 비난하고 원망합니다. 자기 연민에 빠져 세상에서 자신을 가장 불쌍한 사람으로 여기고, 세상에 믿을 놈 하나 없다며 대인관계를 단절시킵니다. 조언은 다 싫은 소리로 들리고, '네가 내 처지가 되어봐라, 그런 소리를 할 수 있나' 하는 고까운 마음을 갖습니다. 이런 상태가 만성이 되면 결국 낙오자가 되고 맙니다.

그런데 왜 스스로 피해자가 되려고 하는 걸까요? 한마디로 말하자면 쉽게 살고 싶어서입니다. 세상에서 가장 힘든 일은 자기 잘못 인정하기, 두 번째로 힘든 일은 달라지기라고 합니다. 인정하고 달라져야 하는데 쉽지가 않습니다. 그래서 스스로 피해자가 되는 것입니다. 내가 아니라 남들이 가해자요, 죄인이라고 믿으면 자신의 잘못을 인정하고 책임을 지지 않아도 되지요.

피해자 되기의 또 다른 이점은 다른 사람들의 관심을 받을 수 있다는 것입니다. 그래서 자기 연민에서 빠져 나오지 않은 채 '불쌍한 나'라는 태도를 유지합니다. 동냥을 위해 걸인 생활을 청산하지 않는 사람과 같습니다. 그러나 피해자의 마음으로는 어디에도 갈 곳이 없습니다. 피해의식에서 헤어 나오지 못하는 삶은 치러야 할 대가가 너무 큽니다.

피해자 의식에서 벗어나는 가장 좋은 방법은 남 탓을 할 시간에 스스로의 길을 개척하는 일입니다. 내가 가진 것이 무엇인지 상세한 목록을 만들어보고, 그것에 감사하고, 그것을 밑천으로 새 출발의 시동을 걸어야 합니다.

가해자는 상대방이고 나는 언제나 피해자라고 생각하지 마십시오. 해결책은 다른 사람이 아니라 바로 내 안에 있습니다.

"
혹시 '남들은 다 가해자이고, 피해자는 언제나 나'라는
피해자 증후군을 가지고 있는 건 아닌가요?
항상 억울하다고 생각된다면 그 생각부터
깨야 합니다.
"

쓸데없는 걱정 말고
너나 잘하세요

．
．
．

상담을 받으러 오는 분들 가운데 많은 수가 남편 문제, 자식 문제를 놓고 걱정하고 한탄합니다. 자기 병 고칠 생각은 하지 않고, 남의 병 참견하는 오지랖 넓은 환자와 비슷하지요. 이런 분들께는 이렇게 말씀드립니다.

"다른 사람 걱정 마시고, 자매님 걱정이나 하세요."

"가족인데 어떻게 걱정을 안 해요."

그럴 때 속에서는 이런 소리가 목구멍까지 올라옵니다.

'쓸데없는 걱정 말고 너나 잘 하세요.'

하지만 꾹 참고 다시 한 번 말합니다.

"자매님이 걱정한다고 문제가 해결되나요? 아무리 가족이라도 각자 문제는 각자가 해결하게 놔두시고, 자매님은 자신의 문제를 돌아보세요."

하지만 5초도 지나지 않아서 재차 물어옵니다.

"……알겠는데요. 우리 남편 어떻게 하면 될까요?"

이런 경우는 사람 머리가 아니라 어두(魚頭), 그러니까 물고기 머리입니다. 만약 10초 후 묻는다면 그럴 때는 조두(鳥頭), 새머리 라고 합니다. (새나 물고기가 들으면 화낼지도 모르겠지만.)

사람은 모두 자기 문제가 있습니다. 이 세상에 아무 문제도 없는 사람은 존재하지 않습니다. 아이부터 노인까지, 가진 것이 적든지 많든지, 사회적 지위가 높든지 낮든지, 누구나 나름의 문제를 가지고 삽니다. 감당해야 할 십자가를 지고 평생 살아가는 것이 우리의 인생이지요. 그런데 자기 십자가도 무거워 힘들어하면서 남의 십자가까지 지고 낑낑댄다면 "너나 잘 하세요" 소리밖에 못 듣습니다. 그래도 남의 십자가를 지고 싶다면 우선 건강해야 합니다. 그래야 내 십자가도 지고, 그 위에 다른 사람의 십자가도 지고 갈 수 있습니다.

누구나 문제를 가지고 있습니다. 그런 문제를 가지고 있으면서도 건강하게 살려면 어떻게 해야 할까요? 먼저 문제를 대하는 자세를 바꾸어야 합니다. 어떤 문제가 생겼을 때 자기만 힘들다고 생각하는 사람이 있습니다. 이런 사람들의 속마음은 이렇습니다.

'나만큼 힘들게 사는 사람 있으면 나와 봐!'

이런 사람들은 사람에게는 모두 각자의 십자가가 있다는 사실을 인정하지 않고 외면합니다. '남들은 다 잘 사는데 나는 왜 이 모양이지' 하며 극도의 불행감에 빠져듭니다. 이럴 때는 '나보다 힘들게 사는 사람도 많네. 그래도 나는 살만 하구나' 하는 생각이 들 수 있는 계기가 필요합니다. 즉 나보다 어려운 사람들을 찾아가 보는 겁니다.

장애인 남편 수발에, 두 아이를 기르며 보험세일즈로 힘겹게 살아가던 한 여인은 사는 게 너무 힘들어 차라리 죽고 싶다는 생각이 들 때마다 병원 응급실이나 장례식장에 갔다고 합니다. 자신보다 어렵고 위급하고 절망적인 상황에 놓인 이들을 찾아가 본 것이지요.

그리고 '그래도 나는 살만하구나. 건강하게 살아 있다는 것이 얼

마나 큰 재산인가' 하고 깨달았다고 합니다. 지금 그녀는 인생의 힘든 시기를 거쳐 명강사로 전국을 누비며 성공적인 삶을 살고 있습니다.

비슷한 일을 겪어본 사람과 속 시원하게 수다를 떠는 것도 좋은 방법입니다. 또 자신의 이야기를 잘 들어주는 사람과 대화를 하는 것도 좋습니다. 마음이 편안해지고 속이 뻥 뚫릴 만큼 가끔 쓴소리를 해주는 사람을 만나는 것도 하나의 방법입니다.

어떤 본당신부가 신자들을 위해 특별히 상담소를 열었습니다. 유명 대학에서 박사학위를 받고 경력도 화려한 상담가가 오자, 사람들이 구름같이 몰려들어 순번표를 받아야 상담을 할 수 있을 정도였습니다. 그런데 며칠이 지나자 이상하게도 사람들의 발길이 뚝 끊어졌습니다. 그 대신 골목 안쪽의 한 할머니 집이 사람들로 들끓었습니다. 노발대발한 본당신부는 왜 상담을 받으러 이상한 할머니한테 가느냐고 신자들을 야단쳤지요. 신자들이 대답했습니다.

"그 할머니 별명이 '인생 9단'입니다. 산전수전 다 겪은 분이라서 그런지 찾아가면 이야기도 잘 들어주고 위로도 잘 해줍니다. 그런데 상담소장은 머리에 피도 안 마른 게 공부 좀 했답시고 잔소리를 해대서 영 재수가 없거든요."

아파본 사람이 남의 아픔을 이해할 수 있고, 왜 그런 문제가 자신의 인생에서 벌어졌는지 곰곰이 생각해보는 것입니다. 즉, 문제를 겪어본 사람이 남의 문제에 이러쿵저러쿵 참견하지 않고 적절한 위로를 해줄 수 있다는 이야기입니다.

조금 더 수준 높은 방법은, 문제와 싸우려고 하지 말고 왜 그런 문제가 자신의 인생에서 벌어졌는지 곰곰이 생각해보는 것입니다. 문제가 주는 의미를 되새겨보아야 한다는 것이죠. 자기중심적이고 완고한 사람일수록 문제를 다루는 방식이 호전적이지요. 병에 걸리면 '투병', 문제가 생기면 '투쟁' 하는 식입니다.

하지만 당면한 문제를 '적'이 아닌 '스승'으로 보면 상황은 달라집니다. '문제'는 지금 자각할 필요가 있는 중요한 무언가를 깨닫게 해주는 '인생의 스승'이기 때문입니다.

이렇게 자신의 문제부터 돌보아야만 다른 사람의 문제 해결에 도움을 줄 수 있습니다. 오지랖이 넓은 것이 미덕이라고, 정이 많은 거라고 생각해 쉴 새 없이 밖으로만 돈다면 자신의 문제는 망

각하게 됩니다. 안에서 곪고 있는 문제들을 외면한 채 자신은 잘
살고 있다고 생각하지만 현실은 그렇지 않은 것이죠. 결국 오지랖
도 적당해야 합니다. 지나치면 병이 되니까요.

66

누구나 문제를 가지고 있습니다.
남의 문제에 참견하지 마세요.
자기 문제부터 봐야 합니다.

99

상실의 슬픔,
충분히 슬퍼해야

．
．
．
．

어느 시골 성당에 못 말리게 고집 센 터줏대감 영감님 한 분이 있었습니다. 어느 본당에나 있게 마련인 터줏대감들처럼 영감님도 믿음의 지도자, 수호자로 자처하며 신자들은 물론 신부까지 가르치려 들었습니다. 또 신자들이 힘들어하는 기색이라도 보일라치면 대뜸 윽박부터 지르기 시작했습니다.

"이렇게 믿음이 약해서야 원! 순교자의 후손인 천주교인이라 할 수 있겠나?"

기르던 개가 죽어 슬퍼하는 사람한테는 "사람이 죽은 것도 아닌데 왜 울고 난리야!" 자식이 죽어 비통해하는 사람한테는 "다 하느님의 뜻이고, 천당에 갔을 텐데 울기는 왜 울어!" 하고 야단을 치기도 했습니다. 그래서 신자들은 장례미사에서도 곡소리 한 번 내지 못할 정도로 영감님을 무서워했습니다.

어느 날 영감님이 오랫동안 애지중지하던 개가 죽고 말았습니다. 영감님은 눈물이 터져 나올 것만 같았지만 그동안 사람들한테 한 말이 있어 차마 울지는 못하고 혼자 복장만 터져 하고 있었습니다. 개 문상을 온 본당신부가 이런 영감님의 모습을 보고 말했습니다.

"자식이 죽은 것도 아니고 개 한 마리가 죽었을 뿐이니 슬퍼할 일이 아닙니다. 또 비록 개일지라도 다음 세상에 잘 태어나려면 나름 선행을 해야 하니, 죽은 개가 보시할 수 있게 보신탕거리로 내놓으시지요."

평소 영감님에게 믿음이 약하다는 핀잔을 들어 약이 올라 있던 본당신부의 말에 영감님은 아무 소리도 못하고 개를 내놓았습니다. 그러고는 신자들이 보신탕 잔치를 벌이는 꼴을 보다가 그만 화병으로 죽고 말았습니다.

죽어서도 자신의 개로 보신탕 잔치를 벌인 본당신부의 처사에 화가 안 풀린 영감님은 급기야 예수님을 찾아갔습니다.

"예수님, 그놈의 본당신부 좀 어떻게 해주세요. 화가 나서 못 견디겠습니다."

"그럼 내가 퀴즈 하나 내겠다. 맞히면 내가 본당신부를 혼내주겠다. 하지만 못 맞히면 네가 혼난다."

"무슨 퀴즈인데요?"

"어떤 사람이 이웃집의 가족이 죽어서 문상을 가 펑펑 울었다. 정상이냐, 비정상이냐?"

영감님은 평소 소신대로 대답했습니다.

"사람이 죽으면 천당에 갈 터이니 기뻐해야 할 일이지요. 그런데 남의 집 식구 죽은 것까지 서러워하는 놈이라면 그게 미친놈이지 제정신이겠습니까?"

"마르타와 마리아의 오빠 라자로가 죽었을 때 나는 슬퍼서 울었다. 그럼 내가 미친놈이란 말이냐? 너같이 가슴이 메마른 놈은 세싱실이를 다시 배워야 한다."

예수님은 퀴즈를 못 맞힌 영감님을 본당신부의 집 강아지로 환생시키셨지요. 본당신부는 팔월에 보신탕을 하겠다는 의미로 강아지의 이름을 팔복이라고 지었습니다. 그리고 매일 아침 강아지를 보며 입맛을 다셨습니다. 강아지가 된 영감님은 매일 신세를 한탄하며 살다가 팔월이 되기 전에 화병으로 또 죽었다는 이야기입니다.

　사람이 살아가다 보면 얻는 것도 있지만, 내 손에서 떠나가는 것, 잃어버리는 것도 적지 않습니다. 물건을 잃어버리거나 키우던 애완동물이 죽거나 혹은 사랑하는 가족을 잃기도 합니다. 이런 때 드는 감정이 바로 비애입니다. 비애에 빠지면 우선 마음이 뒤죽박죽됩니다. 마치 풍랑을 만난 배처럼 마음속은 하루에도 몇 번씩 뒤집어집니다. 사소한 일도 곱씹고 또 곱씹느라 탈진 상태가 되어 생각하는 데 문제가 생깁니다. 그래서 넋이 나간 듯이 엉뚱한 소리를 하고 평소와 다른 행동을 하기도 합니다. 무엇이든지 먹어치우든지 아예 먹질 않든지, 아니면 너무 많이 자거나 아예 자질 않습니다. 도움을 주려는 사람을 멀리 하거나 반대로 의존적이 되어 한사코 매달립니다. 종교적 믿음에 심각한 의문을 품고 하느님과 교회를 비난하는가 하면 지나치게 신앙생활에 심취해 가사를 돌보지 않는 지경이 되기도 합니다.

　이런 모습을 보면서 주위에서는 섣부른 충고를 합니다. 시간이 지나면 다 잊히게 마련이다, 세월이 약이다. 심지어 모든 것이 다 주님의 뜻이다. 믿음이 부족하거나 마귀가 유혹해서 그렇다고 장광설을 늘어놓기도 합니다. 이런 충고들은 비애에 빠진 이들에게 도움이 되기는커녕 오히려 심리적 부작용을 부추깁니다.

무언가를 잃은 후 비애와 슬픔을 느끼는 것은 믿음이 약해서도 아니고, 마귀의 유혹을 당해서도 아닙니다. 비애는 저주처럼 느껴지지만 실제로는 축복입니다. 비애는 엄청난 상실감을 겪은 사람이 어두운 심리적 터널을 통과해 다시 살아가도록 돕는 감정적 도구이기 때문입니다.

그렇다면 비애를 그냥 내버려두면 되는 걸까요? 그렇지 않습니다. 비애도 다른 감정과 마찬가지로 신중하게 잘 다루어야 합니다. 우선 끝까지 비애를 겪어보자고 결심해야 합니다. 비애는 회피한다고 사라지지 않습니다. 훗날 반드시 다시 나타나 우리가 쓰러질 때까지 집요하게 공격합니다.

비애를 회피하지 않고 대면하는 방법으로, 잃어버린 것의 목록을 만들어 충분히 슬픔을 느끼는 것이 있습니다. 잃어버린 것을 반복적으로 생각하고 점검하는 과정을 거치면 잃어버린 것에 대하여 둔감해지고, '모든 것을 잃어버렸다'는 생각을 물리칠 수 있습니다.

어쩌면 비애란 충분히 애도되지 못한 슬픔 때문에 생기는 감정
일 수 있습니다. 상실했다면 충분히 슬퍼하십시오. 슬픔을 억누르
지 마십시오.

66

살다보면 상실을 겪고 그것은 비애를
불러일으킵니다. 이때 충분히 슬퍼해야 합니다.
그렇지 않으면 비애는 훗날이라도 반드시 나타나
우리가 쓰러질 때까지 집요하게 공격할 것입니다.

99

힘든 과거의 기억에서 해방되려면

.
.
.

    어떤 본당신부가 주방 일을 해주는 아주머니 없이 손수 밥을 지어 먹으며 살았습니다. 신자들이 아무리 주방 아주머니를 채용하라고 해도 한사코 사양했는데 어느 날 신자들이 타지에서 온 처녀를 사제관 주방에 들여보내 일하도록 했습니다. 그런데 그 주방 처녀, 일을 너무 못하는 데다 어떤 이유에서인지 늘 신부의 눈치를 보며 쭈뼛거리는 것이었습니다.

    어느 날이었습니다. 주방 처녀가 신부에게 오더니 고백할 것이 있다고 하며 사진을 한 장을 내밀었습니다. 젊은 남자의 사진이었습니다.

"오빠인가?"

"아니오."

"남자친구?"

"아니오."

"남편?"

"아니오."

"그럼 이 남자가 누구야?"

"성전환수술을 받기 전 제 모습이에요. 제가 남자로 살아와서 요리를 못합니다. 고백했으니 이해해주실 거죠?"

"알았다. 요리 못하는 이유를 고백했으니 이해해주마."

그날 이후 신부는 처녀에게 요리를 가르쳤습니다. 혼자 밥을 지어 먹고 산 지 오래라 신부가 처녀보다 요리 솜씨가 훨씬 나았던 것입니다. 처녀는 이제 쭈뼛거리며 신부의 눈치를 보지 않게 되었고, 신부는 해다 주는 맛난 음식을 먹을 수 있게 되었다는 행복한 이야기입니다.

아무리 기억력이 좋은 사람이라 해도 절대로 기억하고 싶지 않은 일들이 있습니다. 결코 꺼내고 싶지 않아 마음속 깊이 묻어버린 기억, 생각하면 할수록 무안하고 창피한 기억, 처참한 사고나 전쟁처럼 생각하기도 싫은 끔찍한 기억들……. 누구나 한두 가지쯤은 이런 기억들을 가지고 있게 마련인데, 대부분의 사람들이 마음속 깊은 곳에 묻어버리고는 없는 척, 모르는 척 살아가려고 합니다. 그러나 이런 기억들은 그렇게 해서 사라지지 않습니다.

과거의 기억을 제대로 다루지 않으면 '외상 후 스트레스 증후군(Post Traumatic Stress Disorder)' 같은 심각한 후유증에 시달릴 수 있습니다. 외상 후 스트레스 증후군에 걸리면 극도로 긴장된 상태가 지속되어 머릿속은 마치 신호등 없는 사거리 같아집니다. 정신 나간 사람처럼 살게 되는 것이지요. 매우 예민해져서 과거의 일을 회상시키는 사람이나 장소에 관한 대화도 회피합니다. 하루 종일 잠만 자려고 하거나, 반대로 바쁘게 지내면서 스스로에게 쉴 틈을 주지 않습니다. 혹은 알코올이나 여타 약물, 음식, 도박, 쇼핑 따위에 중독되기도 합니다. 그러나 이 같은 회피 행위는 문제 해결에 도움이 되지 않지요.

잠만 자는 경우, 수면 시간 동안 의식은 쉬어도 잠재의식은 여전히 활동하기 때문에 악몽을 꾸기 쉽습니다. 또 아무리 쉴 새 없이 바쁘게 지내도 기억은 의식의 표면 위로 끈질기게 올라옵니다. 중

독성 행위를 하는 동안에는 잠시 안도감을 가질 수 있을지 몰라도 현실로 돌아와 힘든 일을 겪게 되면 다시 중독성 행위로 도망치는 행위를 반복하게 됩니다.

그렇다면 우리를 괴롭히는 과거의 사건들, 끈질기게 달라붙는 나쁜 기억에 어떻게 대처해야 할까요?

베드로 사도처럼 해야 합니다. 베드로 사도에게 가장 수치스럽고 고통스러운 기억은 주님을 세 번이나 부인한 일입니다. 말 그대로 남 보기 부끄럽고 스스로에게도 창피한 사건이었지요. 누구에게도 알리지 않고 혼자 조용히 덮어버리고 싶을 정도로 부끄러운 사건입니다. 자신을 아는 사람이 아무도 없는 곳으로 도망가 숨어 살고 싶을 만큼 말입니다. 그러나 베드로 사도는 은거하며 폐인처럼 살지 않았습니다. 오히려 온 교회에 자신이 저지른 일을 고백하고, 공적인 자리에 머물면서 책임을 지는 선택을 했습니다.

왜 그랬을까요? 마치 없었던 일처럼 묻어버리면 자기 자신은 더 괴롭고 힘들다는 사실을 알았기 때문입니다. 그래서 용기를 내어 드러내놓고, 아픈 기억에 직면하고, 사람들의 판단에 맡기면서 거꾸로 자신의 상처를 치유하기로 했던 것입니다.

베드로 사도가 사도좌(교황청을 달리 이르는 말)의 수장이 될 수 있었던 가장 큰 자격 요인은 바로 용기였습니다. 부끄러운 기억에 직면한 크나큰 용기였습니다.

우리는 용기를 두려움이 없는 상태라고 생각합니다. 그러나 두려움이 없다면 용기가 필요할 리 없습니다. 용기란 두려움이 있되 이를 무릅쓰고 행동하는 것을 뜻합니다.

용기를 가지고 자신의 과거를 들여다보면, 용기를 내어 고백하면 해결책이 나타납니다. 더 멀리 도전할 힘을 얻게 됩니다.

과거의 기억 때문에 힘들다면, 피하려 하지 말고 용기 있게 기억과 대면하십시오. 그리고 고백하십시오.

66

과거에 안 좋은 일을 겪었다면 이제 대면해보세요.
그동안 소화불량에 걸리고, 불면증에 시달린 것은
그 일들을 묻고 지내려고 해서 생긴 부작용입니다.

99

걱정을 몰아서
해야 하는 이유

:
.
.

세상의 종말이 와서 모든 사람이 부활할 때가 되었습니다. 열두 제자들은 무덤에 묻혀 있던 관들을 모두 밖으로 꺼내놓고는 하느님께서 한 사람 한 사람에게 기도해주시기를 기다렸습니다. 이윽고 하느님께서 나타나시더니 관 뚜껑을 하나씩 열고 사람들을 다시 살려내기 시작했습니다. 부활한 사람들은 좋아서 어쩔 줄을 몰랐지요.

그렇게 사람들을 살려내다가 하느님께서는 어떤 관 앞에서 문득 동작을 멈추셨습니다. 그러더니 베드로 사도에게 명하셨지요.

"어이, 이리 와서 여기 관 위에 앉아."

"왜 그러시는지요?"

"이 관 속에 누워 있는 여자를 내 잘 안다. 눈만 뜨면 남편 걱정, 자식 걱정, 부모 걱정에 시간이 남으면 남의 집 걱정, 남의 나라 걱정까지 하는 아줌마다. 그런데 부활하면 또 날 붙들고 온갖 걱정을 해댈까봐 겁난다. 아예 못 나오게 네가 관 뚜껑을 깔고 앉아 있어."

"왜 하필 접니까?"

"네가 날 세 번이나 모른다고 했잖아."

"헐."

지금도 천당에 가면 관 뚜껑을 깔고 앉아 있는 베드로 사도를 볼 수 있다는 믿거나 말거나 한 이야기입니다.

"주의 평화가 여러분과 함께."

예수님께서 제자들에게 주시는 인사말입니다. 미사 기도문 서두에도 나오지요. 여기서 평화란 편안함이라고 볼 수 있습니다. "편안하세요" "편안하십니까?" "별일 없습니까?" "무고하신가요?" 모두 같은 뜻의 인사인 셈입니다.

편안하다는 것은 걱정할 일이 없다는 뜻이기도 하지요. 하지만 걱정거리가 한 가지도 없는 사람이 있을까요? 사람은 태어나서 죽는 순간까지 크고 작은 걱정거리를 머리에 이고, 등에 지고 삽니다. 텔레비전 드라마는 뭘 보지? 손님이 온다는데 무슨 음식을 준비해야 하나? 고스톱에서 3점이 났는데 "고!"를 해야 하나? 같은 작은 걱정부터 사업이 잘 풀릴까? 나라가 잘 될까? 세계평화는 올까? 같은 큰 걱정까지 어린 시절부터 노년기까지 걱정은 종류를 바꿔가며 끊임없이 생겨납니다.

걱정을 완전히 없애는 일은 불가능하지만 제대로 대응할 수는 있습니다. 그러기 위해서는 우선 걱정이란 무엇인가부터 알아볼 필요가 있지요. 심리학적으로 걱정이란 내재된 두려움에 맞서기를 회피하는 방법 중 하나입니다. 마음속에 두려움이 많고 앞으로 벌어질 상황에 대처할 수 없으리라는 자신감 부족이 걱정을 만들어냅니다. 걱정이 많은 사람은 내가 할 수 있는 일이 없다는 무력감에 이리저리 치이며 살아갑니다.

그렇다면 어떻게 해야 할까요? '몰아서 걱정하기'라는 방법이 있습니다. 하루 가운데 정해진 시간, 정해진 장소에서만 걱정을 하는 것이지요. 그 시간 외에는 걱정거리들에 관심을 두지 않는 것입니다. 일상 생활을 하면서 수시로 올라오는 걱정들을 미뤄두기란 말처럼 쉽지는 않습니다. 수시로 걱정들이 올라오지요. 이때는 할 일을 미루듯이 '몰아서 걱정하는 시간'으로 미루는 것입니다. 얼핏 들으면 아이들 장난처럼 여겨지지만 실제로는 꽤 효과가 큽니다.

걱정을 몰아서 해야 하는 이유는 시간을 아껴 쓰고 생산적이고 창의적으로 살기 위해서입니다. 하루 종일 걱정 속에 살면 다른 일은 하기 어렵습니다. 걱정에 에너지를 모두 소모해버려 심리적 탈진 상태에 이릅니다. 게다가 다른 사람들에게까지 걱정을 전염시켜 기피 대상 1호가 됩니다.

마음속에 걱정이 올라오면 스스로에게 말하십시오.

'지금 걱정한다고 해결이 되니? 나중에 몰아서 해. 걱정하는 동안 해놓은 일이 하나도 없잖아.'

'사람들이 걱정하는 내 얼굴을 좋아할까, 아니면 활짝 웃는 내 얼굴을 좋아할까?'

우리가 살아가는 동안에는 걱정하지 않을 수 없습니다. 곧 걱정은 팔자입니다. 그러나 걱정에 치여 아무것도 하지 못하는 무기력한 인생을 사느냐, 아니면 어린 동생을 업고도 고무줄 넘기며 사방치기 등 동네 아이들과 신나게 놀던 옛날 누나들처럼 걱정을 등

: 화나면 화내고 힘들 땐 쉬어

에 업고도 할 일 다 하며 사느냐는 우리의 선택에 달려 있습니다.

물론 하느님께서도 걱정을 털어내려고 노력하는 사람을 좋아하십니다.

하느님께서 연세가 들더니 힘이 부치는지 곁에서 심부름을 해줄 사람을 한 명 뽑아달라고 베드로 사도에게 부탁하셨습니다. 베드로 사도가 천당 주민들 가운데 적당한 인물을 수소문해 보니 마침 두 여인이 있었습니다. 베드로 사도는 하느님의 뜻을 전한 뒤 두 여인을 데리고 하느님 앞으로 갔습니다.

하느님께 가는 길에 두 여인이 각기 다른 행동을 했습니다. 한 여인은 무슨 슬픈 일이 있는지 눈물을 줄줄 흘리고, 다른 여인은 무슨 생각을 하는지 머리를 흔들어댔습니다. 하느님 앞에 당도했을 때도 한 여인은 울고, 다른 한 여인은 머리를 흔들어대고 있었습니다. 하느님께서는 두 여인을 보시더니 그 중 머리를 흔드는 여인을 선택하셨습니다.

베드로 사도가 의아한 나머지 한마디했습니다.

"머리를 흔들어대는 여인은 좀 이상한 것 같으니 차라리 우는 여인을 선택하시지요."

"우는 아이는 걱정거리를 달고 재수 없는 생각만 하면서 사느라 늘 징징거리는 것이다. 쟤 데리고 있다가는 나까지 우울증 걸릴라. 재수 없는 생각을 털어버리려고 머리 흔드는 아이가 훨씬 낫다."

"
걱정거리가 있다면 걱정을 해야 합니다.
하지만 매일 푸념만 늘어놓을 수는 없습니다.
걱정하는 데에도 에너지가 필요하기 때문입니다.
그러니 하루 중에 걱정하는 시간을
정해놓는 것이 필요합니다.
"

불안으로 득 보는 사람은 점쟁이와 보험회사

. . .

나이가 많아지다보니 하느님도 적적하기 이를 데 없어 말동무가 필요하셨습니다. 베드로 사도는 천당 주민 가운데 가장 언변이 좋은 사람을 하느님의 말동무로 구해드렸지요. 말동무를 구해드리고 나서 베드로 사도는 하느님의 표정을 유심히 살폈는데, 어느 날은 근심 어린 표정이었다가 다음날은 또 활짝 밝아지곤 하셨습니다. 약간 미심쩍어 보이긴 했지만 하느님이 싫은 기색을 내보이지 않으시기에 베드로 사도는 하느님의 말동무를 그대로 두었습니다.

어느 날 천당의 재정 담당인 마르타 성녀가 베드로 사도를 찾아왔습니다.

"말동무가 생기고 나서부터 하느님이 자꾸 돈을 달라고 하십니다. 그래서 천당 재정이 점점 나빠지고 있어요."

이에 베드로 사도는 하느님과 독대해 돈이 필요한 이유를 여쭈어보았습니다.

"내 말동무가 어떤 날은 하늘이 무너질지 모른다 하고, 또 어떤 날은 천당 온난화현상 때문에 살기가 힘들어질 거라고 한다. 그렇게 천당의 미래에 대해 좋지 않은 이야기를 해서 마음을 뒤숭숭하게 해놓고는, 다음날은 보험을 들면 든든하다고 하는 거야. 그래서 재난 방지 보험, 온난화 보험 등 온갖 보험을 드느라 돈이 필요했지. 보험을 들어서인지 이젠 마음이 든든하다."

그 이야기를 들은 후 베드로 사도가 급히 뒷조사를 해본 바, 하느님의 말동무는 생전에 보험 왕이었다는 이야기입니다.

경제 전문가들은 말합니다.

"보험이란 재난에 대비하는 것이라고들 하지만, 사실은 일어나지도 않을 일에 대해 불안해하는 사람들의 마음을 이용해서 돈을 버는 것이다."

보험사의 자체 조사 결과도 이를 뒷받침합니다. 사람들이 불안해하는 일의 대부분은 실제로 발생하지 않았습니다.

작가이자 연설가, 심리학박사인 리처드 칼슨(Richard Carlson)은 자신의 저서 《사소한 것에 목숨 걸지 마라》에서 '사람은 사소한 것에 목숨을 거는 경향이 있다'고 말했습니다. 우리는 인생에서 벌어지는 커다란 재난에는 용감하게 맞서면서 목덜미에 난 종기 따위에는 전전긍긍하며 굴복하고 맙니다.

영국의 정치가이자, 철학자인 디즈레일리(Benjamin Disraeli)도 말했지요.

"인생은 사소한 일에 신경 쓰기에는 너무 짧다."

불안해하면 득을 볼 사람은 보험회사와 점집밖에 없습니다. 그렇다면 불안이 닥쳐왔을 때 어떻게 대처해야 할까요?

우선 불안한 마음을 털어놓을 곳을 만들어놓아야 합니다. 불안은 시간에 맡겨둔다고 절대로 그냥 사라지지 않습니다. 오히려 갈수록 증폭되어 사람을 삼켜버리지요. 그러니 미주알고주알 마음을 다 털어놓을 수 있는 친구를 만들어야 합니다. 친구와 한참 수다를 떨다보면 자신의 불안이 별것 아님을 깨닫게 될 수 있고, 생각하지 못했던 해결책을 찾을 수도 있습니다. 친구야말로 불안 해소에 절대적으로 필요한 존재, 위기 중재자, 보약 중의 보약입니다.

두 번째 방법은 더 간단합니다. 불안은 언제 우리를 습격할까요? 바쁠 때일까요, 아니면 한가할 때일까요? 한가할 때입니다. 배부르고 등 따뜻하면 불안할 게 없겠다 하지만, 바로 그때부터 간식처럼 슬슬 올라옵니다. 또 불안에 발목 잡힌 사람들은 대개 움직임이 적습니다. 움직이면 불안이 현실로 일어나게 될까봐 두려워서 걱정을 뭉개고 앉아 있는 것이죠.

이쯤에서 또 다른 이야기 하나 할까요?

결혼한 지 석 달밖에 되지 않은 신랑이 주례를 섰던 신부를 찾아와서 하소연했습니다.

"결혼하기 전, 아내는 얼마나 사랑스럽던지요. 사랑한다, 사랑하지 않는다, 아카시아 잎을 하나하나 떼어내는 모습이 어여뻐서 결혼까지 했습니다. 그런데 이젠 조금만 기분이 좋지 않아도 아카시아 잎을 떼면서 사랑한다, 사랑하지 않는다라고 이파리 점을 봐서 섬뜩합니다. 집안은 또 얼마나 지저분한지 심란합니다. 아내가 우울증인 것 같아요. 어떻게 해야 할까요?"

신부의 대답은 매우 간단했습니다.

"이파리 떨어진 거 다 주워서 버리라 그래. 그럼 병이 낫는다."

평화롭고 조용한 수도원에 처음 가보는 사람은 수녀님들이 한 가롭고 여유 있게 살겠거니 생각합니다. 그러나 수도원의 하루는 빡빡하기 이를 데 없습니다. 수도원 규칙을 제정한 베네딕토 성인은 수도자들은 기도하고 노동하는 사람들이라고 했습니다. 그래서 수녀원을 일종의 휴식처로 생각하고 들어간 처녀들이 관절염에 걸려 나오기도 하지요.

수도사들이 몸을 쉬지 않는 이유는 노동이 신경질환을 낫게 해주고, 잡념을 막아주기 때문입니다. 실제로 기원전 5세기의 그리스의 의사들은 신경증 환자에게 작업 요법을 처방했다는 기록도 있습니다.

세 번째, 불안이 엄습할 때마다 우리가 불안해하는 일의 대부분은 결코 일어나지 않는다는 사실을 떠올리는 것입니다.

마지막으로, '불안 목록'을 만드는 방법입니다. 불안한 이유들을 하나씩 생각나는 대로 써보고, 내가 지금 불안해하는 일이 정말로 큰일인가를 확인해보는 것입니다. 그런 다음 나에게 남은 시간이 얼마인가를 계산해보십시오. 불안이 줄어들 것입니다.

"
불안해하는 사람들을 보면 한 가지 일에 집중하시
못하고, 항상 안절부절 하면서 시간을 보냅니다.
이런 증상이 심각해지면 일상생활을 영위하기도
어려워지지요. 이때는 친한 친구에게 털어놓거나,
육체를 바쁘게 하는 게 좋습니다.
"

'꼴통'은
아무도 못 바꿔

.
.
.

주민들의 백 퍼센트가 '꼴통'인 어느 마을이 있었습니다. 어찌나 꼴통 짓을 하며 속을 썩이는지, 하느님은 어떻게 해서든 주민들을 변화시켜보려고 마음먹으셨습니다. 그래서 유명한 종교인들을 수소문했는데, 그 가운데 깊은 산중에서 10년을 수행한 고승(高僧)이 있어 그를 마을로 보내셨습니다.

고승을 파견 보내놓고 일단 마음을 놓으신 하느님, 그런데 얼마 안 되어 고승이 마을을 떠나고 말았습니다. 하느님이 까닭을 물으시자 고승이 하소연하듯 대답했습니다.

"제가 절을 지어 불공을 드리는데, 마을 사람들이 절간 앞에 고

깃집을 차려놓고는 매일 고기를 지지고 볶고 구워댑니다. 더 이상 견딜 수가 없어 나왔습니다."

하느님은 하는 수 없이 후임으로 개신교 목사를 파견하셨습니다. 매일 철야기도에, 명설교로 유명한 인물이었는데, 또 얼마 안 되어 마을을 떠나버렸습니다.

"제가 교회를 하나 세우고 매일 철야기도를 하고 있었습니다. 그런데 마을 사람들이 바로 교회 코앞에다 술집을 열었습니다. 매일 밤 술 취한 사람들의 고성방가에 못 견디고 나왔습니다."

고민 고민하시는 하느님께 베드로 사도가 말했습니다.

"고민하지 마시고요. 성질이 개차반이라서 본당에 못 나가는 신부 놈을 보내시지요."

그렇게 해서 개차반 신부가 마을에 들어간 지 한 달이 지난 어느 날, 꼴통 주민들이 하느님께 몰려와 하소연을 했습ㅣ디.

"신부란 놈이 기도는 하지 않고, 매일 술에 고기를 먹어 대서 우리가 먹을 것도 없습니다. 게다가 밤마다 고성방가를 해대서 잠을 못 자겠으니 제발 데려가주세요."

하느님은 개차반 신부를 불러 야단을 치셨습니다.

"꼴통들을 변화시키라고 보냈더니 사목은 하지 않고 왜 매일 술이나 퍼마시는 거냐?"

"아무리 봐도 저 꼴통들은 변할 사람들이 아닙니다. 괜히 바꾸려 들다가 제가 화병이 날까봐 인생이나 즐겁게 살려고요."

그러자 하느님께서는 박장대소하시며 "너야말로 딱 책임자이니라" 하고 말씀하셨습니다.

하느님은 개차반 신부를 계속 마을에 두셨습니다. 그 바람에 꼴통 주민들은 집단으로 화병이 나서 자리를 펴고 드러누웠다는 가슴 아픈 이야기입니다.

상담을 청하러 오는 많은 이들이 이런 말을 합니다.

"남편 때문에 속상합니다."

"자식 때문에 힘이 듭니다."

"직장 상사 때문에 괴롭습니다."

"부하 직원 때문에 골치가 아픕니다."

누구누구 때문에 힘이 들고 속이 상하고 고통을 받는다고 말합니다. 모든 문제는 상대방에게 있다는 것이죠. 상대방만 변하면 다 해결되는데 아무리 말해도 시늉만 할 뿐 변하지 않아서 힘들다는 것입니다. 과연 상대방이 그렇게 속상해하고, 분통을 터뜨리면

변할까요? 그렇지 않습니다. 상담을 하러 오는 사람들은 결국 바꿀 수 없는 것에 매달려서 속상해하는 것이지요. 왜 그럴까요?

첫 번째 이유는 내 힘으로 바꿀 수 있는 것과 없는 것을 분별하지 못하는 미련함 때문입니다.

세상에는 바꿀 수 있는 것이 있는가 하면, 바꿀 수 없는 것이 있습니다. 사람의 성격이 바꿀 수 없는 것의 대표적인 예이지요. 0세에서 7세 사이에 형성된 사람의 성격은 쉽게 바뀌지 않습니다. 개과천선하는 경우도 있지만 세상을 보는 눈, 마음가짐은 바꿀 수 있어도 성격 자체는 바꾸기 어렵습니다. 이렇게 자기 성격도 못 바꾸는데 하물며 남의 성격이야 말할 것도 없지요.

또 다른 이유는 유아적이고, 이기적인, 미성숙한 생각 때문입니다. 세상 모든 것이 다 나를 행복하게 해주어야 하고, 모든 사람들이 나를 중심으로 뜻대로 움직여야 한다고 무의식중에 여기는 까닭이지요. 그래서 속상함과 미련함, 미성숙함은 세쌍둥이라고 하는 것입니다.

마음 편하게 살려면 내가 바꿀 수 있는 것과 없는 것을 식별할 줄 알아야 합니다. 그리고 바꿀 수 있는 것은 힘닿는 데까지 바꾸고, 바꿀 수 없는 것은 그 존재의 의미와 가치를 인정하고 살아야 합니다.

　짜증이 나고 속이 상할 때마다 이 간단한 이치를 되새겨본다면 마음의 편안함을 누리실 수 있습니다.

"

내가 바꿀 수 있는 것은 나 자신뿐.
상대방만 바뀌면 모든 게 해결될 거라는 착각을
버려야 합니다.
내가 변해야 세상도 변합니다.

"

내 안의 사고뭉치,
살살 달래야

·
·
·

술만 마셨다 하면 성당에 와서 주정을 부리는 사고뭉치 남자가 있었습니다. 특히 성탄절이 지나면 주사가 더 심해져 구유 세트 앞에 와서 시비를 걸었습니다.

"야, 꼬마야. 네가 맏아지냐. 부모 잘못 만나 하필 마구간에서 태어나고."

아기 예수 다음 차례는 요셉 성인이었습니다.

"자기 애도 아닌데 뭘 그리 감싸고 드노. 어휴, 바보."

이번에는 성모님에게 시비를 걸었습니다.

"처녀가 애를 낳으면 부끄러운 줄 알아야지. 왜 웃고 난리야."

동방박사들에게도 한마디 잊지 않았지요.

"뭘 할 일이 없어서 그 먼 길을 찾아간 게야. 배부른 놈들."

그렇게 밤새도록 주정을 하는데 주사가 하도 심해 아무도 말리지를 못했습니다.

술만 마시지 않으면 멀쩡한 그 남자가 어느 날 얌전하게 성당에 와서는 고해성사를 보았습니다.

"제가 그동안 큰 죄를 지어왔습니다. 다시는 주정하지 않을게요."

못 말리는 주정꾼이 웬일인가 싶은 본당신부가 자초지종을 물었습니다.

"어젯밤에도 술에 잔뜩 취해 구유 세트 앞에서 주정하고 있었습니다. 그런데 갑자기 성모상이 움직이더니 제 뺨을 철썩 치는 게 아니겠습니까. '그래, 처녀가 애 낳았다. 어쩔래? 네기 뭐 보태준 거 있어?' 하면서요.

얼얼한 뺨을 감싸 쥐고 멍하니 서 있는데 이번에는 요셉 성인이 달려들지 뭡니까. '그동안 쌓인 게 많았어도 풀 데가 없었는데 너 잘 만났다. 딱 걸렸어' 하면서 이단 옆차기를 하는데 힘이 어찌나 세던지 제가 쓰러질 정도였습니다.

그때 아기 예수가 구유 안에 누워 있다가 벌떡 일어났습니다. '마구간에서 자느라 춥고 힘들어 죽을 지경이니 그 옷 내놔!' 그러고는 제 옷을 홀랑 벗겨서 구유로 가지고 가 덮고 자는 겁니다. 엄동설한에 팬티만 입고 돌아갈 수 없어 '옷은 주셔야죠' 했더니 동방박사 셋이 한꺼번에 황금과 몰약, 유향을 던지는 바람에 알몸으로 쫓겨나고 말았습니다. 휴, 다시는 술 마시고 주정 안 부리겠습니다."

그 후 남자는 절대 주정하는 일이 없었습니다. 남자의 이야기는 그 일대에 파다하게 소문이 났습니다. 그리고 가정의 온갖 사고뭉치들이 한밤중에 구유 세트 앞에 끌려와 치도곤을 당하고 철이 드는 기적이 줄이어 일어났습니다. 그 성당은 지금까지 '조폭 가족 성당'으로 불리고 있다고 합니다.

우리는 자신을 상당히 논리적이고, 합리적이며, 감정을 잘 통제하는 이성적인 존재라고 생각합니다. 스스로를 양반, 신사, 요조숙녀, 참한 여자라고 생각하기도 합니다. 그래서 누군가가 엇나간 말과 행동을 하면, 상놈이라느니 돼먹지 못했다느니 못 배운 사람이라느니 하는 비난을 퍼붓습니다.

하지만 누구도 죽을 때까지 점잖은 양반으로 살 수 없습니다. 사람은 그렇게 성숙하지도, 완벽하게 철이 든 존재도 아닙니다. 우리의 마음속에는 어른의 자아와 아이의 자아가 함께 자리를 잡고 있는데, 가끔 아이의 자아가 사고뭉치로 툭 튀어나와 완전히 철이 들 수는 없기 때문입니다.

사람을 철들지 못하게 하는 내면의 사고뭉치를 '내면의 문제아(the inner brat)라고 합니다. 이 사고뭉치는 자신의 욕구를 철저하게, 빨리 채우기에 급급합니다. 특히 기다리는 것을 싫어해서 욕구를 채우는 데 시간이 걸리면 엄청난 대가를 치러야 합니다. 또 결과가 어떻게 될지에 상관없이 자신이 원하지 않는 것은 무조건 거절합니다. 그래서 마치 미운 네 살짜리처럼 소리를 지르고, 대화를 중단하거나 욕설과 비난을 퍼붓는 비이성적인 행동을 하기도 합니다. 우리가 무엇인가에 중독이 되고, 파괴적인 성향을 보이는 것도 내면의 사고뭉치 때문입니다.

이 사고뭉치가 발작을 일으켰을 때, 우리는 스스로를 정상이 아니라고 느끼면서도 거기서 벗어나지 못합니다. 잠들어 있던 내면의 사고뭉치가 깨어나면 냉정을 유지하기란 매우 어렵기 때문입니다.

평소 절제 능력이 부족하고, 지나치게 자기중심적인, 전반적으로 미성숙한 사람들의 내면에서 이 사고뭉치는 활개를 칩니다. 성숙한 사람들이 가끔 사고를 치는 것은 스트레스가 누적되었기 때문이죠. 심신이 지치면 내면의 사고뭉치를 통제할 수 없게 됩니다.

어떤 사람들은 자신 안의 사고뭉치를 마귀라고 여기기도 합니다. 그러나 사과와 토마토가 다르듯이 내면의 문제아는 마귀와 다릅니다. 이 사고뭉치는 다른 사람에게 의도적으로 피해를 주기 위해서가 아니라 순간적인 욕망을, 단순한 충동을 조절하지 못하는 것이니까요. 곧 절제하지 못하고, 미숙한 자아라는 면에서 인간에게 죄를 짓게 하기 위해 애쓰는 영악하고 유혹적인 마귀와는 전혀 다르지요. 이를 마귀로 여기고 제거하려 들다가는 문제아를 더 문제아로 만들 수 있습니다. 심하면 분열증적 증세에 이를 수도 있습니다.

그렇다면 우리는 이 사고뭉치를 어떻게 다루어야 할까요? 답은 간단합니다. 없애버릴 수 없으니 길을 잘 들여서 데리고 사는 것입니다.

내면의 문제아를 잘 달래서 우리 삶의 중심에서 벗어난, 후미진 곳으로 밀어내어 그 영향력을 최소화시키는 것이 가장 좋습니다.

내 마음속을 헤집고 다니지 못하게 적당히 따돌려 말을 듣게 하는
것이지요.

66
나이와 사회적 신분, 겉으로 드러나는 모습과
상관없이 내 안에는 철없는 아이,
사고뭉치가 있을 수 있습니다. 그 녀석을 발견하고
잘 다루어야 내적인 성장을 할 수 있습니다.
99

삶을 좀먹는 거절불능증

:
:
:

    천당에도 경제 불황이 닥쳤습니다. 그러자 크고 작은 생계형 범죄들이 생겨나서 하느님은 골머리를 앓게 되셨습니다. 특히 죽기 직전에 회개하고 턱걸이로 천당에 들어온 사람들이 예전 버릇을 못 고치고 도둑은 다시 도둑질을, 사기꾼은 사기를 치기 시작했습니다.

    천당 인심은 나날이 흉흉해졌습니다. 그렇다고 이미 천당에 들어온 이들을 내쫓을 수도 없는 노릇이었습니다. 고민 고민하던 끝에 하느님은 베드로 사도에게 이르셨습니다.

    "아무래도 천당에도 교도소를 두어야겠다. 만들어라."

그렇게 해서 천당에도 교도소가 생겼습니다. 교도소가 문을 열자마자 범죄자들이 수감되기 시작했습니다. 남의 집 계란을 훔치다 걸린 사람부터 천당 입구에서 신참들에게 천당 아파트 가짜 분양권을 판 사람까지 있었습니다.

어느 날 하느님은 '미워도 내 새끼들인데' 하는 심정으로 교도소를 순시하셨습니다. 하느님을 본 죄수들은 "주여, 주여, 믿습니다!"라고 외쳐대 교도소 전체가 한바탕 소란스러워졌습니다.

그런데 유독 한 방만 조용했습니다. 들여다보니 다들 조용히 앉아서 기도를 하고 있었습니다. 베드로 사도에게 하느님이 물으셨습니다.

"애들은 누구냐?"

"천주교인들입니다."

"왜 들어왔냐?"

"경제사범들입니다."

"구체적으로 무슨 죄를 지었냐?"

"빚보증을 잘못 서서 뒤집어쓰고 들어와 있는 겁니다."

하느님은 천주교인들에게 직접 물으셨습니다.

"거절하지 왜 보증은 서 주었느냐?"

"본당신부님이 남의 청을 거절하는 것은 신자의 도리가 아니라고 해서 그랬습니다."

"아니, 그럼 너희들이 보증을 잘못 서서 이렇게 된 일에 대해서는 뭐라 하더냐?"

"강론할 거리가 바닥나서 그냥 그렇다는 말을 했을 뿐인데, 진짜 보증을 섰냐면서 멍청이들이라고 야단을 치셨습니다."

"지금 너희 마음이 어떠냐? 분하지도 않느냐?"

"저 하나 희생해서 친구가 행복하다면 분한 일이 뭐 있겠습니까? 다 제 팔자지요."

그들의 말을 들은 하느님은 단호하게 말씀하셨습니다.

"애들이 다 미친 것 같으니 정신병원에 입원시켜라. 그리고 그 본당신부 놈을 여기 가두도록 하여라."

'얌체'라는 말을 듣는 사람들이 있습니다. 국어사전에서 찾아보면 얌체의 뜻은 '자신에게 유리한 행동만 해서 얄미운 사람'입니다. 자기 것은 쓰지 않고 남의 것은 빼 쓰려는 사람이 좋은 예입니다. 담배 한 개비만 빌려달라기에 없는 줄 알았더니, 정작 아무도 안 주면 자기 주머니에서 꺼내 피우는 가벼운 얌체부터, 돈 빌려

갈 때는 손발이 닳도록 부탁하다가 갚으라고 하면 오리발 내미는 심각한 얌체까지 그 종류도 많습니다. 그런데 이런 얌체들이 존재하는 것은 얌체 짓을 받아주는 사람들이 있기 때문입니다.

얌체들에게 늘 당하고 사는 사람들은 어떤 사람들일까요? 멍청하거나 배우지 못한 사람일까요? 그렇지 않습니다. 머리의 좋고 나쁨, 배운 것이 많고 적음과는 별 상관이 없습니다. 착하고 어진 마음을 가진 사람들, 남의 부탁을 거절하지 못하는 사람들, 거절한 후에는 '들어줄 걸 괜히 거절했어' 하고 후회하는 사람들, 그러니까 '착한 사람'이 얌체들의 표적이 됩니다.

얌체들은 사람들의 착하고 어진 면을 악용합니다. 그들은 상대방에게 미안함과 죄책감을 유발하게 만드는 재주를 가지고 있습니다.

"우리가 남이가."

"그거 하나만 해주면 평생 은혜 안 잊을게."

"날 못 믿는 거야? 나한테 어찌 그럴 수 있니?"

이런 말들로 상대방의 어진 면을 건드려놓고는 부탁을 들어주지 않으면 "배신자"라느니 "너 때문에 내 인생이 종쳤다"느니 하면서 죄책감을 불러일으키는 말을 서슴지 않습니다.

싫은 부탁, 거북한 부탁을 거절하지 못하는 것도 병입니다. 병명은 '거절 불능증', '미안 과잉증'입니다.

이런 증세는 사실 마음 깊은 곳에 있는 쓸데없는 죄의식으로 인해 발생합니다. 더불어 살아가는 데 꼭 필요한, 마땅히 가져야 할 건강한 죄의식과는 본질적으로 다른 것입니다. 다른 사람의 부탁을 무조건 들어주게 되는 죄의식은 병적인 것입니다.

병적인 죄의식은 잘못된 양육에서 비롯된, 병적인 양심 때문에 생긴 것입니다. 부모로부터 심한 꾸중과 질책을 받는 아이는 객관적으로 크게 잘못되지 않은 행동에 대해서도 지나치게 큰 죄의식을 느낍니다. 이런 아이가 어른이 된 후에도 자기비난과 쓸데없는 죄의식에 빠지기 십상입니다. 미안해할 일이 아닌데도 미안해하고, 부탁을 들어주어야 할 의무도 없는데, 싫어도 거절하지 못하는 것은 이 때문입니다.

'착한 것도 병'이라는 말처럼 실제로 주변 사람들에게 '착하다'는 평을 듣는 사람들은 우울증을 겪는 경우가 많습니다.

일상생활에서 싫은 부탁을 들었을 때 "싫다"라고 분명히 말할 수 있어야 합니다. 비난을 두려워하지 말고, "싫어"라고 말하는 훈련을 해야 합니다. 물론 쉽지는 않습니다. 거절하기 부담스럽다면 적어도 그 자리에서 수락하지는 말아야 합니다. 일단 생각해보겠다고 응수하고 시간적·정신적인 여유를 확보한 다음 거절 의사를 분명히 해야 합니다. 그러지 못하고 싫은 부탁에 이리저리 끌려 다닌다면 힘든 인생을 살게 됩니다. 거절불능증, 미안과잉증에서 벗어나 건강하고 성공하는 삶 누리시기 바랍니다.

66

늘 미안해하고 거절 못하는 사람은
착한 게 아니라 과도한 죄의식의 소유자입니다.

99

너도 나도 망치는 질투

⋮

어떤 본당에 아주 잘생기고 젊은데다 매너까지 좋은 보좌신부가 부임해왔습니다. 그동안 성질 더러운 본당신부에게 시달려온 신자들은 난리가 났습니다. 본당신부가 개밥을 먹는지 소밥을 먹는지 통 관심도 없던 신자들이 훈남 보좌신부에게는 관심 세례를 퍼부었습니다. 보좌신부의 얼굴이 조금만 핼쑥해져도 삼삼오오 모여서 걱정들을 했지요.

"보좌신부님 얼굴이 왜 그렇지? 요즘 잘 못 드시나?"

"고약한 본당신부가 시집살이를 시키는 게 분명해."

보좌신부를 사모하는 무리들은 보좌신부에게 관심을 쏟아 붓다 못해 자신들과만 놀아달라고 칭얼대며 졸라대기 시작했습니다. 하지만 보좌신부가 끝까지 거절하며 놀아주지 않자 그를 미워하는 신자들이 생기기 시작했습니다. 그럼에도 불구하고 반응하지 않자 이 그룹은 보좌신부를 미워한 나머지 그를 헐뜯고 다녔습니다.

그러던 어느 날 본당신부가 보좌신부를 긴급하게 호출했습니다. 보좌신부가 사제관에 들어가니 노기충천한 본당신부와 안티(anti) 그룹 여인들이 모여 앉아 있다가 동시에 자신을 노려보는 게 아닙니까.

"무슨 일로 저를 부르셨습니까?"

본당신부는 보좌신부의 말이 끝나기가 무섭게 노기에 찬 목소리로 다그쳤습니다.

"너 호텔에서 처녀애랑 잤다며?"

그 청천벽력 같은 소리에 얼굴이 하얗게 질린 보좌신부는 반문했습니다.

"누가 그러던가요?"

본당신부가 옆에 앉은 자매를 가리켰지요.

"이 자매가 그러던데."

보좌신부는 문제의 자매를 보며 물었습니다.

"제가 호텔에서 처녀와 자는 걸 언제 보셨나요?"

"어, 그러니까……. 제가 직접 본 건 아니고요. 사실은 저 자매가 봤다고 해서……."

보좌신부가 소문의 근원이라고 지목된 자매를 보고 물었습니다.

"보셨다고요?"

"아니, 저는 신부님이 호텔 커피숍에서 어떤 처녀와 차를 드시기에 혹시 둘이 잤을지도 모른다고 말했을 뿐인데……. 저 자매가 분명히 잤을 거라고 설레발을 쳐서……."

보좌신부가 한숨을 쉬며 말했습니다.

"호텔 커피숍에서 처녀와 차를 마신 것은 사실입니다. 하지만 그 처녀는 호텔 직원이자, 제 사촌 여동생입니다. 저는 그 애한테 상담을 해주고 있었을 뿐입니다. 저한테 사실 여부를 물어보지도 않고 그런 소문을 내고, 그것도 모자라 본당신부님은 저를 추궁하시다니 정말 너무들 하십니다."

아이들이 노는 모습을 보고 있노라면 재미있는 장면을 많이 목격하게 됩니다. 선생님을 중심으로 함께 어울려 노는 아이들이 있는가 하면, 멀리서 주위를 맴돌며 "왜 저런 놀이를 하는 거야? 정말 유치

해~" 하고 흉을 보는 아이들이 있습니다. 왜 그러는 걸까요? 사실 그 자리에 끼어 함께 놀고 싶은데 그렇게 하지 못해서입니다.

어른들의 세계에서도 비슷한 상황들을 목격할 수 있습니다. 같이 놀고 싶은데 놀 수 없으니 험담을 하고, 없는 흉도 만들어서 봅니다.

이는 모두 질투 때문이기도 하지요. 질투란 히브리어로 '카나'로 '곁눈질하다', '증오심을 갖다', '나쁜 마음을 품다' 등의 뜻을 가지고 있습니다. 질투는 부러움과는 다릅니다. 부러움이 생산적이라면 질투는 파괴적입니다. 부러움이 상대방의 장점을 본받아보려는 마음을 불러일으키는 데 비해 질투는 어떻게 해서든 상대방을 깎아내리고 꺾어버리고 싶은 마음을 불러일으킵니다. 그래서 없는 말을 지어내고 근거 없는 비방으로 은밀히 타격을 가하기도 합니다. 질투는 이렇게 질투를 피하는 사람도, 그 대상인 사람도 망가지게 하는 파괴적인 감정입니다. 그러니 자신의 감정이라도 항상 촉각을 세우고 관찰해야 합니다. 개인의 정신적인 성장뿐만 아니라 공동체를 파괴하기 때문에 질투심은 조심해야 합니다.

질투 하면 흔히 여자의 전유물로 알고 있지만 이 감정을 느끼는 것은 남녀노소가 다르지 않습니다. 하지만 남자의 질투에 대해서

는 잘 알려져 있지 않지요. 자신들이 질투한다는 사실을 인정하는 게 자존심이 너무 상해 스스로 숨겨왔기 때문입니다. 그러나 남자의 질투는 여자의 질투보다 무섭습니다. 남자의 질투는 살인까지 부르지요. 《구약성서》에서 일어난 살인 사건들은 거의 남자의 질투에서 비롯된 것입니다.

노인의 경우도 마찬가지입니다. 인생의 희로애락을 모두 겪었으니 질투 같은 감정에서는 벗어났겠지 하고 여기기 쉽지만 과연 그럴까요?

질투는 사람이라면 누구나 가지는 감정이지만 질투심에 휘둘리는 이들이 있습니다. 대개는 부모로부터 남과 비교 당하며 자란 이들인데 "너는 왜 언니 반도 못 쫓아가니?", "너는 형 따라가려면 멀었어" 같은 소리를 듣고 자란 경우입니다. '우리 부모님은 남과 나를 비교하지 않으셨는데 난 왜 질투심이 강하지?' 하고 생각하는 분들이 있겠지요. 그런 경우는 우회적인 비교를 당했을 가능성이 높습니다. "너도 열심히 하면 저 사람처럼 될 수 있어"라고요. 하지만 이 말은 사실 격려가 아니라 아이의 기를 죽이고 열등감을 키워 마음속에 무의식적인 질투심을 만들어내는 결과를 낳습니다.

이렇게 비교를 당하면서 자란 이들은 항상 가자미눈을 뜨고 자신의 것과 남의 것을 비교하고, 속을 끓이며 살아갑니다. 질투는 이렇게 하는 사람도, 그 대상인 사람도 망가지게 하는 파괴적인 감정입니다. 그러니 자신의 마음을 항상 촉각을 세워 관찰해야 합니다. 그렇지 않으면 순식간에 질투라는 감정에 휩싸여 자신도, 주변의 소중한 사람도 잃을 수 있으니까요.

66
타인에 대한 지나친 비난은
자신의 욕망을 투영한 결과입니다.
물욕(物慾)이 많은 사람이 물욕 많은 사람을,
색(色) 좋아하는 사람이 색 밝히는 사람을
비난하게 마련이죠.
99

잘난 체, 있는 체하는 게
열등감

· · · ·

어느 날 하느님이 베드로 사도를 부르셨습니다.

"내가 요즘 심기가 영 불편하다."

"왜 그러십니까?"

"천당에 새로 들어온 놈 하나가 있는데 무슨 행사만 있으면 니 보다 먼저 나서서 사람들에게 강복(降服)을 주고 기도를 해댄다. 또 밥 먹으러 가면 기도는 더럽게 오래하면서 밥값 내는 건 한 번도 본 적이 없다. 도대체 뭐하는 놈이냐?"

베드로 사도가 뒷조사를 한 후 보고를 올렸습니다.

"생색내는 자리는 다 나서고, 돈 내는 자리는 뒤로 빼는 아주 웃기는 놈입니다."

"그런 놈이 어떻게 천당에 들어왔는가?"

"천당 문 앞에서 하도 거룩한 척 기도하기에 천당 문지기가 성인인 줄 알고 잘못 들여보냈다 합니다."

며칠 후, 하느님은 천당 사목위원들과 함께 요르단 강으로 뱃놀이를 나가셨습니다. 그런데 배 안을 둘러보니 엉뚱하게도 그놈이 같이 타고 있는 게 아닙니까. 화가 단단히 나신 하느님은 배가 뒤집힐 정도로 센 폭풍을 일으키셨습니다. 그리고 시치미를 똑 떼고 말씀하셨습니다.

"이 풍랑을 멈추도록 누가 기도 좀 해라."

하느님 말씀이 끝나자마자 앞으로 총알같이 튀어나온 사람이 있었으니 바로 그놈이었습니다.

"제가 기도발이 셉니다."

"아, 그래. 그럼 우리가 무사히 탈출할 때까지 너는 여기서 기도를 하고, 나머지는 구명조끼를 입고 탈출하자."

그래서 그자는 지금도 거친 풍랑 속 배에서 빠져 나오지도 못하고 혼자 기도를 하고 있다는 슬픈 이야기입니다.

"미국 케네디 대통령은 학교에서 예배를 드리지 못하게 해서 암살당했다"라고 말했던 어느 목사, 탈레반, 가톨릭교회의 얀세니스트(Jansenist, 엄격주의자).

이들의 공통점은 무엇일까요? 근본주의자 혹은 원리주의자라는 점입니다. 또한 이들은 이름만 다를 뿐 같은 콤플렉스를 가진 사람들입니다. 그리고 이들은 모두 '성전 콤플렉스'를 앓고 있었습니다. 성전 콤플렉스를 가진 사람들은 자신을 '살아 있는 성인'으로 여깁니다. 자신은 규범을 지킬 필요가 없는, 모든 도덕률을 초월한 사람이라고 생각합니다. 자신의 모든 언행을 종교라는 방패로 합리화하고 변명합니다. 심지어 자신이 하는 모든 일을 신성한 것으로 포장하기도 합니다. 한마디로 '종교 사기꾼'이지요.

성전 콤플렉스를 가진 사람들이 많을수록 그 공동체에는 히위의식이 퍼지고 분열을 일으킵니다.

이러한 성전 콤플렉스는 열등감에서 비롯됩니다. 심리학자 알프레드 아들러(A. Adler)에 의하면, 모든 사람은 열등감을 가지고 있으며 열등감을 보상하기 위해 더 나아지려고 노력합니다. 그러나 자신의 열등감을 인정하지 않으면, 자신의 능력은 과대평가하고 그렇게 하기 위해서 다른 사람들을 깎아내리는 병적인 우월감이 형성됩니다. 이런 사람들이 종교인이 되는 경우 자신의 종교나 신념과 다른 것은 모두 이단이고 그릇된 것으로 몰아붙입니다.

이런 오류는 누구나 범할 가능성이 있습니다. 그렇게 되지 않으려면 자신의 내면에 자리 잡은 열등감을 보는 것이 우선입니다. 그런 다음 열등감을 인정해주고 더 나은 방향으로 발전하기 위해 노력해야 합니다. 그럴 때 우리의 소중한 에너지를 성장과 사회 발전에 사용할 수 있습니다.

열등감 없는 사람은 없습니다. 열등감을 잘 돌보아 건강한 우월감을 형성해서 사회에 기여하는 인물이 되시기 바랍니다.

66

허위 의식은 사실 열등감의 표현입니다.
잘난 체, 있는 체, 예쁜 체하는 내 안에는
사실 엄청난 열등감이 숨어 있을 수 있습니다.

99

참은 방귀가 독하다

:
:
:

저승 재판소에 사람이 오지 않아 재판관들은 무료하게 하루하루를 보내고 있었습니다. 그날도 할 일 없이 코털이나 뽑고 앉아 있는데, 멀리서 누군가 터벅터벅 걸어오는 모습이 보였습니다. 그런데 어찌된 일인지 그 사람이 다가올수록 지독한 구린내가 풍기는 것이었습니다. 저승 재판관들이 모두 코를 싸쥐고 어쩔 줄 몰라 하는데, 김 진사가 초췌한 몰골로 도착했습니다.

"이게 뭔 냄새요?"

재판관들의 질문에 김 진사는 자신의 이야기를 털어놓기 시작했습니다.

사연인즉, 하도 세상이 시끄러워 김 진사는 집안 단속을 엄하게 했습니다. 그런데 웬일인지 식구들이 하나둘씩 병석에 눕기 시작했습니다. 한결 같이 배가 풍선처럼 불러오는데, 물어봐도 대답은 하지 않고 원망하는 눈으로 자신을 쳐다보기만 했습니다. 할 수 없이 김 진사는 집안의 가장 오래된 머슴을 불러 물어보았습니다.

"도대체 무슨 연고로 이런 변이 생겼는가?"

"하고 싶은 걸 못해서 저렇게 됐습니다."

"뭘 못했는가?"

"그건 말 못하겠고 하고 싶은 대로 하게 두면 나을 것입니다."

그래서 김 진사는 불룩한 배를 하고 병석에 누워 있는 식솔들을 자신의 방으로 불러들였습니다.

"너희가 하고 싶은 것이 무엇인지 모르겠다만, 지금부터 실컷 해보아라."

식구들은 쭈뼛쭈뼛 서로 눈치만 보았습니다. 이윽고 결심을 한 듯 김 진사의 아내가 눈짓을 하자 모두 등을 돌리고 앉았습니다. 그리고 동시에 방귀를 뀌었습니다. 얼마나 참고 또 참았던지 그 냄새가 이루 말할 수 없이 독했습니다. 결국 김 진사는 질식사하고 식구들은 병이 다 나았다는, 반전치료에 대한 거짓말 같은 이야기가 전해 내려오고 있습니다.

참을 인(忍)자 셋이면 살인도 면한다고 합니다. 그러나 인내가 항상 좋은 것만은 아닙니다. 인내에는 두 가지가 있는데, 하나는 병을 낫게 하고, 다른 하나는 병을 만듭니다.

병을 낫게 하는 인내란 어떤 것일까요? 사람의 마음은 밭과 같습니다. 결실을 거두려면 밭에 씨를 뿌리고 나서 수확할 때까지 기다리고 참아야 합니다. 또 사람의 마음은 밥솥과 같습니다. 밥솥 안에 쌀을 넣은 후 익을 때까지 참고 기다려야 합니다. 이처럼 우리 마음은 성숙하기 위해서 참고 기다리는 시간이 필요합니다.

하느님께서 만물을 창조하고 난 후 무엇을 하셨나요? 안식일을 정해서 쉬셨습니다. 쉰다는 것은 곧 기다린다는 것을 의미합니다. 어떤 결실을 거두기 위해서 참는 것이 건강한 의미의 인내이지요.

반대로 병을 만드는 인내는 어떤 것일까요? 자신의 감정을 드러내지 않고 그저 꾹꾹 눌러 참는 것을 말합니다. 그래서 속병에 걸리고 화병에 걸립니다. '신경성'이라는 수식어가 붙은 병을 앓고 있는 환자들이 있습니다. 이 가운데 상당수가 겉으로는 착한 사람, 즉 자신의 감정을 참고 누르느라 마음이 마치 불에 탄 집처럼 되어버린 이들입니다.

어느 자매가 신부를 찾아와 상담을 청했습니다. 머리는 헝클어져 있고 얼굴에는 상처까지 있는 것이, 몰골이 말이 아니었습니다.

"무슨 일 있으셨습니까?"

"조금 전에 싸웠습니다."

"부부 싸움인가요?"

"아니오. 옆집 여자랑 대판 붙었습니다."

말다툼으로 시작된 싸움이 머리끄덩이를 잡고 흔드는 몸싸움으로까지 발전했는데, 막 이기려는 찰나 상대방 여자의 한마디에 완패 당했다는 것입니다. 옆집 여자의 결정적 한마디는 다음과 같았습니다.

"천주교 믿는 것들은 다 이러냐?"

그 소리에 자매는 갑자기 온 몸에 힘이 빠지면서 다리가 풀렸습니다. 머리채를 잡고 있던 손도 스르르 풀려 옆집 여자에게 이리 채이고 저리 채이며 일방적으로 당하고 말았다는 것입니다. 어쩐지 억울하기도 하고, 공격을 멈춘 자신이 잘했는지 잘못했는지 판단이 서지 않아 상담을 받으러 달려온 것이었습니다.

이 경우 자매에게는 무슨 말을 해주어야 할까요?

1. 잘했어. 천주교 신자라면 참아야지.
2. 그렇게 참은 것을 하느님이 알아주시고 천당 자리 하나 내주실 거야.
3. 왜 맞고 다녀? 싸웠으면 이겨야지.

답은 3번입니다. 천주교 신자든 아니든 싸웠으면 이겨야지요. 머리칼을 한 움큼 뽑고 나서 고해성사 때 "이밖에 알아내지 못한 죄 용서하여주시고"라고 하면 됩니다. 하느님께서는 원수를 사랑하라 하시고 누가 오른뺨을 치거든 왼뺨을 대라고 하셨지만 이는 하나의 비유일 따름입니다. 정말 그렇게 살다가는 화병 들고 골병이 들어 제 명에 못 삽니다.

누가 나를 해코지하고 공격할 때 스스로를 방어하는 일은 정당방위이지 복음에 어긋나는 행위가 아닙니다. 누가 머리끄덩이를 잡거든 성호 한 번 긋고 같이 잡으세요. 그가 "천주교 신자가 이래도 돼?"라고 하거든 또 성호 한 번 긋고 "신부님이 그래도 된다고 하셨다"라고 하세요.

인내는 마음을 치유하는 방법입니다. 그러나 참는 것만이 능사는 아닙니다. 내가 참는 것이 앞으로의 좋은 결실을 위해서인지, 그저 미련한 행동인지를 잘 구분해야 진정한 내적 성장을 이룰 수 있습니다.

66

무조건 참다보면 화병에, 골병이 들어 죽습니다.
화나면 화내고, 싸울 일이 있으면 싸워야 합니다.

99

남의 허물이 곧 내 허물

．
．
．
．

　신학생 시절, 심리학 시험에 '나는 누구인가?'라는 문제가 나온 적이 있습니다. 어떤 학생은 답안을 쓰는 대신 자신의 모습을 그림으로 그려 제출했지요. 교수님한테 야단은 맞았지만 그래도 기본 점수는 받았습니다. 반면 똑똑하고 공부 잘하는 한 학생은 F학점을 받아 재수강을 해야 했습니다. 답안지에 도대체 뭐라고 썼던 것일까요? 자신은 다른 사람의 마음을 꿰뚫어보는 사람이라고 은근히 자랑을 했답니다. 심리학 교수는 "신부 될 놈이 아니라 무당이 될 놈이 여긴 왜 왔어?" 하고 낙제시켜버렸습니다.

다른 사람의 마음을 꿰뚫어보고, 상대방이 무슨 생각을 하는지 다 안다고 자랑할 일이 아닙니다. 우리는 다른 사람의 마음을 잘 안다고 착각하지만 사실은 잘못 아는 경우가 50퍼센트도 넘는다고 합니다. 그런데 왜 우리는 남의 속을 잘 아는 듯이 착각을 하는 걸까요?

이를 심리학 용어로 설명할 수 있습니다. 바로 투사(projection) 때문입니다. 투사란 인간의 기본적인 방어기제로, 자신의 욕구나 감정을 자신의 것으로 인정하기 두려울 때 그것을 다른 사람에게 전가하는 것을 말합니다. 내 안에 있는 좋지 않은 것과 대면하기 두렵고 또 인정하기 싫기에 내 바깥에 있다고 여기는 것이지요. 실제로는 자신이 어떤 사람을 미워하면서, 세상 사람들이 다 그 사람을 미워한다고 생각한다든지, 젊고 예쁜 여성과 사귀고 싶어 하는 중년 아저씨가 20대 아가씨와 재혼한 자기 친구를 몹시 비난한다든지……. 투사의 예는 매우 많습니다.

다른 사람의 결점이 잘 보이는 것은 자신이 똑같은 결점을 가지고 있기 때문입니다. 내 눈에 욕심 많은 사람이 잘 보인다면 내가 욕심이 많은 것이고, 이기적인 사람이 잘 보인다면 내가 이기적인 것입니다. 만약 다른 사람들의 특정한 성향이나 행동에 대해 민감하게 반응하고 지나치게 불편해한다면, 자신의 내면부터 살펴보아야 합니다.

'마귀 콤플렉스'라는 것이 있습니다. 기도하다 잠이 오는 것은 잠 마귀 때문이고, 남의 것에 욕심이 생기는 것은 탐욕 마귀 때문이고, 사소한 일에 불같이 화가 나는 것은 분노 마귀 때문이고……. 귀에 걸면 귀고리, 코에 걸면 코걸이 식으로 모든 것에 마귀의 딱지를 붙여버리는 것입니다.

탐욕과 분노, 증오처럼 좋지 않은 감정이 내 안에 존재한다는 사실을 인정하기 싫어 마귀의 짓으로 돌려버리는 것이므로 마귀 콤플렉스도 투사입니다.

"내 탓이오"가 아니라 "네 탓이오" 혹은 "마귀 탓이오" 해버리고 나면 내게는 아무 책임이 없어집니다. 아주 쉽고 편한 방법이지요.

옛날 어느 나라에 제자 둘을 가르치는 스승이 살고 있었습니다. 그런데 이 두 제자가 머리도 별로 좋지 않은데다 고집까지 세서 아무리 타일러도 말을 듣지 않았습니다. 스승은 늘 골머리를 앓았지요. 마귀 콤플렉스에 걸려서 마귀와의 전쟁으로 하루하루를 보내며 살아가니 참으로 답답한 노릇이었습니다. 아무리 고쳐주려고 해도 막무가내인데다 사람들 안의 마귀를 쫓는다고 설레발을 치고 다녀 동네가 다 시끄러웠습니다. 그렇게 열심히 마귀를 쫓으러 다니다보니 추종자까지 생겨 스승도 포기한 상태였습니다.

그러던 어느 날이었지요. 스승의 꿈에 하느님이 나타나셨습니다.

"애들 좀 잘 가르칠 수 없겠니?"

하느님의 꾸중에 스승은 물었습니다.

"걔네들한테는 두 손 두 발 다 들었습니다. 그런데 무슨 일이 생겼나요?"

"네 제자라는 것들이 이것도 마귀 짓, 저것도 마귀 짓, 마귀가 하지 않은 일도 마귀 짓이라고 떠들고 다녀서 마귀들이 천당 재판소에 명예훼손으로 고소장을 접수했다."

우리는 남의 마음을 들여다볼 때 호기심과 흥미와 약간은 가학적인 기분으로 요모조모 뜯어보기 좋아하면서 자신의 마음은 보고 싶어 하지 않습니다. 그러나 보기 싫다고 보지 않으면 내적 성장이 없는 것은 물론 심리적 기형 상태가 되기 쉽습니다. 그래서 싫고 불편하더라도 남의 마음이 아니라 내 마음

을 들여다보아야 하는 것이지요. "저 사람이 왜 저러지?" 하
지 말고 "내가 왜 이럴까?" 하는 태도가 필요합니다.

66

다른 사람의 잘못된 점이 눈에 보이는 것은
바로 내 안에 그런 점이 있기 때문입니다.

99

계속 남을 헐뜯다보면

•
•
•
•

　종말론이 기승을 부릴 무렵이었습니다. 어느 수도원에 수많은
사람들이 재산을 헌납하고 수도자가 되겠다고 입회했습니다. 사
람들은 매일 단식하고 기도하면서 재림하실 하느님만 고대했습니
다. 원장 수사도 더불어 더 열심히 기도하며 하느님 나라를 기다
렸습니다.

　그렇게 하루가 지나고, 이틀이 지나고 한 달이 지나 1년이 되었
지만 세상에 종말은 오지 않았습니다. 사람들은 하느님 나라는 대
체 언제 오느냐고 난리를 치기 시작했지요. 원장 수사가 급한 마
음에 기도를 했지만 하느님께서는 "조금만 더 기다려라"라는 말씀

만 하실 뿐이었습니다.

날이 갈수록 사람들은 서로 욕을 하고 험담하면서 하루하루 시간을 때웠습니다. 수사복을 입었을 뿐 수도자의 삶과는 거리가 먼 생활이었습니다. 지친 사람들이 한 명 두 명 떠나가기 시작해 수도원에는 결국 몇 사람밖에 남지 않았습니다. 이러다가 수도원이 몰락하겠다는 위기의식을 느낀 원장 수사가 하느님께 다시 여쭈었습니다.

"하느님 나라는 언제 오나요? 날짜라도 일러주셔야 사람들이 나가지 않을 텐데요."

그러나 하느님께서는 여전히 조금만 더 기다리라는 말씀뿐이셨습니다.

마침내 시끄럽던 사람들이 모두 떠나가고 원장 수사, 주방 수사, 종지기 수사만 남아 수도원은 절간처럼 조용해졌습니다. 그러던 어느 날 원장 수사는 불현듯 하느님께 다시 여쭈었습니다.

"하느님 나라는 언제 오나요?"

"이미 왔느니라."

"예?"

"너희가 서로 비난하지 않고 자기 문제 고치는 데만 정성을 다

하니 그곳이 곧 하느님 나라이니라."

남의 말을 하지 않는 것, 다른 사람을 비난하지 않는 것이 뭐 대단한 일이라고 그것을 하느님의 나라라고 하는 걸까 하고 의문을 가질 수 있습니다. 하지만 남을 비난하지 않기란 생각보다 어려운 일입니다. 함께 모여서 하든 혼자 하든 남을 비난할 때 느끼는 야릇한 쾌감이 있기 때문입니다. 비난은 자신이 상대보다 나은 사람이라는 전제에서 이루어지기 때문에, 쉽게 '난 괜찮은 사람이야'라는 자기도취에 빠지게 됩니다. 이것은 굉장한 쾌감이지요.

또 몇 사람이 같이 하는 경우 서로에게 친밀감과 그 그룹에 속해 있다는 소속감을 느끼기 때문에 쉽게 포기하기 어렵습니다. 어떤 심리학자는 남을 비난하는 일은 알코올 중독에 걸린 사람이 술을 끊는 것만큼이나 어렵다고 할 정도입니다.

그러나 습관적으로 다른 사람을 헐뜯다보면 결국 따돌림을 당하게 됩니다. 남을 비난하는 사람을 보면서 대부분 '내가 없는 자리에 가면 날 저렇게 비난하겠지? 언젠가는 저 화살이 나에게도 오겠구나' 하고 생각하니까요. 그리고 그런 사람과는 적당한 거리를 두려고 노력합니다.

양로원에 봉사를 다니다보면 따돌림 당하는 노인을 보게 되는데, 그들에게는 남을 비난하기 좋아한다는 공통적인 특징이 있습니다. 입만 열면 남을 흉보는 노인들이 대개 친구가 없습니다.

남의 말을 많이 하면 쾌감은 잠시이고 시간이 지날수록 스스로에 대해 한심한 느낌이 드는 부작용에 시달리게 됩니다. 이런 생각들은 자아를 위축시키지요. 그래서 남도 살리고, 나도 살기 위해서는 생산적인 비판은 하되 독기 어린 비난, 사소한 실수에 대한 헐뜯기는 하지 말아야 합니다.

남을 비난하는 것은 자신의 마음이 주인의 자리가 아닌 종의 자리에 있기 때문입니다. 자신의 마음을 좀더 품위 있는 자리, 주인의 자리에 놓으시기 바랍니다.

66

다른 사람 욕이 하고 싶어 입이 근질근질할 때
차라리 운동을 하는 편이 낫습니다.
그렇지 않으면 외톨이가 되기 십상입니다.

99

도 넘게 잘해주는 것은 사랑 아닌 집착

. . . .

  한식(寒食)은 설·단오·추석과 함께 4대 명절입니다. 한식은 불을 피우지 않고 찬 음식을 먹는 날이기도 합니다. 또 조상의 묘를 찾아가 제사를 지내고 봉분을 손보지요. 중국에서 들어온 절기인 한식의 유래는 이렇습니다.

  옛날 진나라에 문공(文公)이라는 임금이 있었는데 19년 동안 망명생활을 했습니다. 이때 개자추(介子推)라는 충신이 문공을 보필했지요. 개자추는 고기가 떨어지면 자신의 넓적다리 살을 베어 먹일 정도로 문공에게 지극했습니다. 그렇게 19년을 보내다가 드디어 문공은 나라를 다시 찾았습니다.

그런데 이상하게도 문공은 개자추를 등용하지 않았습니다. 충신을 잊은 것입니다. 몹시 실망한 개자추는 산 속으로 들어가 나오지 않았습니다. 나중에 문공이 찾아가 나오기를 청했지만 소용없었습니다. 이에 문공은 산에 불을 놓으면 나오겠지 싶어 불을 질렀습니다.

하지만 개자추는 끝내 산속에서 나오지 않았습니다. 산불이 꺼진 후 찾아가보니 개자추는 나무 밑에서 불에 타 숨져 있었습니다. 그 후부터 사람들은 충신이었던 개자추를 애도하기 위해 이날은 불을 쓰지 않고, 찬 음식을 먹기 시작했다고 합니다. 그것이 풍속으로 자리 잡아 오늘날까지 내려온 것이지요.

여기서 문제 하나를 드립니다. 진나라 문공은 왜 개자추를 잊었던 것일까요?

1. 머리가 나빠서

2. 잠을 덜 깨서

3. 치매에 걸려서

4. 개자추가 지겨워서

답은 4번입니다. 그런데 문공은 자신의 살까지 내어놓은 충신을 왜 지겨워했을까요?

우리는 좋아하는 사람에게 어떻게든 잘해주고 싶어 합니다. 또 상대방이 잘해주면 고마운 마음이 드는 것이 인지상정입니다. 하지만 도가 지나칠 때는 부담을 느끼게 마련이지요. 도가 넘게 잘해주는 것은 사실 상대방을 독점하고 싶어하는 집착에서 비롯된 것입니다.

개자추는 문공에게 올인했습니다. 사람과 사람의 관계란 스쳐 지나가는 인연일 뿐인데 개자추는 문공을 자기 인생의 일부가 아닌 전부로 여겼습니다. 그리고 그 소유욕을 내려놓지 못해 결국 상처를 입어, 스스로를 고립시키고 죽음에까지 이르렀습니다.

자신의 살을 베어 먹일 정도이니 문공에 대한 개자추의 집착과 소유욕이 어느 정도였겠습니까? 아마도 개자추처럼 정성을 다하지 못한 신하들은 감히 문공 근처에 가지도 못했을 테고, 개자추는 사람들과 문공 사이를 가로막는 역할을 했을 것입니다. 그것도 19년이라는 오랜 세월 동안이나 말이지요. 그러니 문공은 얼마나 지겨웠겠습니까? 그래서 개자추를 잊었던 것이고, 산에 불을 지른 행위는 이런 복잡한 심경에서 비롯된 선택이었을 것입니다.

여기서 두 번째 문제, 개자추는 문공이 다시 찾는데도 왜 나서지 않고 불에 타 죽었을까요?

1. 세수를 하지 않아서
2. 문공의 마음에 상처를 주기 위해서
3. 폐를 끼치지 않으려고
4. 불에 타 죽는 것이 소원이라서

답은 2번입니다. '너도 한 번 속 썩어봐라' 하는 뜻이었지요. 일종의 복수였고, 스스로를 피해자로 만들어 남들의 동정을 얻고자 하는 응석이기도 했습니다. 이를 '개자추 콤플렉스'라고 합니다. 이와 비슷하면서도 다른 '여왕거미 콤플렉스'도 있습니다. 개자추 콤플렉스와 함께 관계를 맺을 때 한 번쯤 생각해보아야 하는 것이기도 합니다.

어느 날 후배 신부가 찾아오더니 골치 아픈 이야기가 있다며 털어놓았습니다. 얼마 전 한 자매가 찾아와서는 무작정 상담을 요구했답니다. 가정문제가 너무 심각해서 상담을 받아야겠는데 꼭 후

: 화나면 화내고 힘들 땐 쉬어

배 신부와 상담을 하고 싶다면서요.

그런데 영 낯선 얼굴이라 새로 온 신자냐고 물었더니, 다른 본당 신자인데 신부가 훌륭하다는 소문을 듣고 일부러 찾아왔다고 하더랍니다.

어쨌든 착해빠진 후배 신부는 자매가 편한 시간에 만나기로 하고 헤어졌습니다.

만나기로 한 날, 옷차림까지 신경 쓰면서 기다렸지만 약속한 자매는 나타나지 않았습니다. 휴대전화 번호를 받아놓지 않은 터라 아무 일도 못하고 마냥 기다리고 있는데 한참이 지나서야 전화가 울렸습니다.

"신부님, 식구들과 어디를 좀 가느라 성당에 못 갔어요. 다른 날을 잡고 싶은데 지금은 바쁘니까 오후에 전화할게요."

하지만 자매는 전화를 끊지 않았습니다. 바쁘다면서도 사기 가족의 힘겨움에 대해 두서없는 장광설을 늘어놓았습니다. 착해빠진 신부는 차마 전화를 끊지 못하고 자매의 이야기를 듣느라 곤욕을 치렀던 것입니다. 후배 신부는 통화가 끝난 후에 어쩐지 자꾸만 화가 나서 저를 찾아왔다는 것이었습니다.

여왕거미 콤플렉스에 빠진 자매를 만났으니 화가 날 수밖에요.

이 콤플렉스에 걸린 이들은 얼핏 보면 가정적이고 괜찮은 사람으로 여겨집니다. 배우자에 대한 걱정과 배려, 자녀에 대한 깊은 애정, 최선을 다하려는 모습 등 완벽한 외적 필요 요소들을 세트로 다 갖추고 있기 때문입니다. 그래서 주위 사람들은 감히 어떤 문제 제기도 할 수 없습니다. 이런 이들은 또 대개 달변이고, 섣불리 자기 자랑 따위는 절대로 하지 않습니다.

자신의 필요에 의해 이용할 사람들에게는 아주 잘 하는 특징도 가지고 있습니다. 이용할 상대를 한껏 칭찬해서 심리적으로 부추겨 놓고 비참한 자신을 도와달라고 하니 상대는 '어어어' 하면서 무리한 부탁도 할 수 없이 들어주게 됩니다.

문제는 그 다음부터입니다. 일단 허락을 하고 나면, 그토록 겸손하고 배려를 아끼지 않던 사람이 자신의 방식대로 모든 것을 끌어가려고 합니다. 마치 거미처럼 상대방을 거미줄로 칭칭 묶어두려고 합니다. 그렇게 소기의 목적을 달성하고 나면 지체 없이 사라집니다.

이런 이들과의 조우는 늘 끝이 좋지 않습니다. 그래서 후배에게 조언했습니다.

"네가 먹음직해지면 다시 찾아올 테니, 다음에는 아예 문턱에도

들이지 마."

　이런 여왕거미 콤플렉스에 걸린 사람을 가까이 했다가 자칫 거미줄에 걸려 내장까지 다 먹히고 마는 불상사가 일어날지 모릅니다. 혹 주변에 이런 사람이 있다면 피하는 것이 상책입니다.

"

무조건 다른 사람을 이용하려는 사람은
일단 피해야 합니다. 이런 사람일수록
허술해 보이고, 상대방의 기분을 좋게 만들 말들을
많이 한다는 것을 기억하세요.

"

혼자만 잘난 사람은 외로워

· · · ·

어떤 수도원에 '자뻑' 수사 한 사람이 있었습니다. 자신이 얼마나 멋지고 훌륭한 수사인지 자랑하고 싶어 늘 안달이 난 사람인데, 어쩐 일인지 아무도 알아주지 않아 늘 섭섭한 마음이었습니다. 그래서 수도원 일에 여기저기 다 끼어들어 잔소리를 해대고, 다른 수사들의 단점을 지적하면서 속풀이를 해보았지만 분이 영 풀리지 않았습니다. 참다못한 수사는 하느님께 항의성 기도를 했습니다.

"하느님! 제가 어디가 못나서, 어디가 모자라서 평수사로 늙어가야 합니까? 지금 원장 수사는 저보다 공부도 못하고, 외모도 안 되고 여러 모로 처집니다. 세상이 이렇게 불공평해도 됩니까?"

하느님이 바로 답하셨습니다.

"그렇다면 이제부터 네가 원장 수사를 해라."

얼마 지나지 않아 그는 정말로 원장 수사가 되었습니다. 역시 자기는 '기도빨'이 있다고 우쭐해했지요. 게다가 원장 수사 방은 넓고 그럴듯해야 한다며 수도원에서 가장 넓은 방을 독차지하고는 예전보다 더 폼을 잡고 다녔습니다.

그러던 어느 날이었습니다. 곤히 주무시는 하느님의 귀에 원장 수사가 고래고래 소리쳐 부르는 소리가 들려왔습니다.

"아우 졸려. 이번에는 또 무슨 일이냐?"

"방은 크고 좋은데 아무도 찾아오지 않아서 춥기가 이를 데가 없습니다. 그런데 전임 원장 수사 방은 코딱지만한데 수사들이 다 그 방으로 몰려갑니다. 늘 사람들로 바글대서 그 방은 찜질방 같다 하니, 아마 제 방보다 더 좋아서 그런가봅니다. 세상에 이렇게 불공평한 일이 또 어디 있습니까. 통촉하여 주시옵소서."

"그럼 네가 갖고 싶은 방을 마음대로 골라 가져라."

그래서 이 방 저 방 골라보는데, 그가 가는 곳마다 다른 수사들이 피해 다니는 바람에 어느 방이나 썰렁하기가 이를 데 없었습니다. 마음에 드는 방을 찾아 수도원을 맴도는 게 일과가 되어버린 그를 보다 못한 베드로 사도가 하느님께 아뢰었습니다.

"쟤, 저러다 진짜로 돌아버리겠습니다. 하느님께서 방을 지정해주시지요."

그러자 하느님이 말씀하셨습니다.

"아니, 저놈이 어디가 예쁘다고 방을 골라준단 말이냐. 저렇게 뱅뱅 돌다 돌아버리라고 벌 주는 중이다."

아직도 그는 마음에 드는 방을 찾아 뱅뱅 돌고 있습니다. 보는 사람마다 걱정이 되어 "그러다 돌아요" 하고 말려도 귓등으로도 듣지 않아 결국 '돌아이 수사'가 되었다는 슬픈 이야기입니다.

우리가 인생을 살아가는 데 가장 큰 재산, 가장 필요한 재산은 사람입니다. 아무리 돈이 많고 명예가 높아도 주위에 좋은 사람이 없으면 무슨 소용일까요. 사람 때문에 상처 입고, 사람 때문에 울지만 주위에 사람이 하나도 없는 인생은 외롭기 그지없을 뿐만 아니라 삶 자체가 허망해지고 맙니다. 반면 주위에 나를 이해해주고, 사랑해주는 사람이 많다면 마치 방풍림처럼 추위를 막아주는 옷처럼 나를 둘러싸 그 안에서 편안히 쉴 수 있습니다.

그렇다면 인생의 큰 재산, 나를 위한 사람을 만들기 위해서는 어떻게 해야 할까요? 매우 중요한 과제인데, 그 답은 일찌감치 하느님께서 알려주셨습니다. '네 이웃 사랑하기를 네 몸같이 하라'는 말씀이 바로 그 답이지요. 간혹 다른 사람을 어떻게 나 자신처럼 사랑할 수 있겠는가, 하느님의 가르침은 범인들이 따르기에는 무리가 있지 않은가 하고 반문하는 사람들이 있습니다. 그러나 하느님의 말씀은 남에게 무조건 베풀라는 의미가 아닙니다. 나를 보호해줄 수 있는 사람을 만드는 방법에 대한 말씀입니다.

내가 외롭고 힘들다고 해서 사람들이 거저 내 곁으로 다가오는 것은 아닙니다. 모든 사람은 상대방이 자신에게 관심을 가져주고 잘해준 만큼만 가까이 가게 마련입니다.

마케팅 전문가인 키스 페라지(Keith Ferrazzi)는 관계에 대해 이렇게 말했습니다.

"오랜 세월 대인 관계의 힘을 내 삶과 일에 적용해본 결과, 인간관계가 가장 중요하게 배워야 할 일이며 삶의 기술이라는 믿음이 생겼다. 진정한 네트워킹은 다른 사람들이 더 잘될 수 있도록 돕는 방법을 찾는 일이다. 받는 것보다 더 많이 주려고 열심히 노력해야 한다. 성공한 사람들은 인간관계의 역동성을 이해한 사람들

이었고, 현재 그 자리에 있기 위해 친구들에게 최선을 다하고 친구들의 힘을 빌릴 줄 아는 사람들이었다."

인생에서 성공하기 위해서는 사람이 필요하고, 사람을 얻으려면 그 사람에게 최선을 다해야 한다는 이야기입니다. 주님의 말씀을 현대식으로 표현한 것이지요. 아무리 잘난 사람이라도 같이 놀아줄 친구가 없는 사람은 불행합니다. 특히 나이가 들수록 비슷한 인생 문제를 공유한 사람끼리 어울리는 것은 중요합니다. 돈이 아니라 사람 모으는 데 힘쓰시기 바랍니다.

66

아무도 자신을 알아주지 않고 아무도 자신을
사랑해주지 않는 삶이 행복할 리 없습니다.
그러니 돈이 아니라 사람 모으는 데 힘써야 합니다.

99

세상에서 가장 고된
수도생활, 결혼

∵
∵

   부부싸움을 삼시 세끼 밥 먹듯이 하는 부부가 있었습니다. 매일 싸우는 와중에도 부부는 함께 이스라엘 성지순례를 떠나게 되었습니다. 성지에 다녀오면 뭔가 달라지지 않을까 하는 희망에서 부인이 주도한 여행이었지만 안에서 새는 바가지 밖에서도 샌다고 먼 이국땅에서도 부부싸움은 멈추지 않았습니다.

   "내가 여자 보는 눈이 없어서 너랑 산다. 너랑 결혼한 게 내 인생의 최대 실수야!"

   "너만 그런 줄 아니? 나도 그래, 이 시베리아허스키야!"

   긴 여정에 하루에도 몇 번씩 부부싸움을 하다보니 남편은 지쳐서 그만 죽고 말았습니다. 부인에게 장의사가 물었습니다.

"남편을 이곳에 묻으면 300만 원이 듭니다. 하지만 한국에 묻는다면 비행기 값 등 이런저런 비용이 3,000만 원입니다. 어떻게 하시겠습니까?"

"돈이 들더라도 한국에 묻겠습니다."

남편 사랑이 지극한가보다 하고 다들 칭찬하는 가운데 부인은 자신의 의지대로 한국으로 돌아와 장례를 치렀습니다. 헌데 장지에 간 그 부인은 인부들에게 귀엣말을 하며 돈을 쥐어주었습니다. 이를 의아하게 여긴 절친한 벗이 물었지요.

"생전에 원수처럼 지냈으면서 그냥 예루살렘에 묻지 그랬니? 네가 돈이 많은 것도 아니고. 인부들한테 돈은 왜 또 준 거야?"

부인이 목소리를 낮추어 말했습니다.

"너만 알고 있어. 예루살렘에 묻었다가 만에 하나 부활하기라도 하면 어떻게 해. 그리고 남편이 혹시 살아나서 관 뚜껑 열고 나올까봐 뒤집어서 묻어달라고 돈을 준 거야."

같은 주제의 또 다른 이야기를 하나 해드릴까 합니다.

어느 마을을 지나가던 여인이 기이한 광경을 목격했습니다. 상여가 나가는데 죽은 이의 아내인 듯한 여인이 덩치가 크고 사나워 보이는 개 한 마리를 데리고 상여를 따르고 또 그 뒤를 수많은 여인들이 줄지어 따라가는 것이었습니다. 나그네 여인이 궁금해서 물었지요.

"무슨 사연이 있기에 저렇게 많은 여자들이 따르는 건가요? 또 웬 개인가요?"

"개는 우리 남편을 물어 죽인 놈이오."

"아 그래요? 그 개 나 좀 빌려주세요."

"내 뒤의 여자들이 다 개 빌려달라는 사람들이니 맨 뒤에 줄을 서세요."

한쪽이 사라져야 끝날 것 같은 부부간의 갈등, 왜 생길까요? 남자와 여자라는 차이, 그리고 거기서 오는 서로의 심리 구조가 전혀 다르다는 것을 파악하지 못하는 데서 비롯된 오해 때문이라는 것이 상담가들의 공통된 견해입니다.

실제로 부부 상담을 하다보면, 자신은 최선을 다했는데 배우자가 몰라준다는 이야기를 많이 합니다. 예를 들면, 부부싸움 후 화

해를 청해도 아내가 받아들이지 않아 또 싸우게 된다고 하는 남편들이 있습니다. 기본적으로 남성들은 화를 빨리 내고, 빨리 식습니다. 빨리 끓고 빨리 식는 양은 냄비를 생각하면 되지요. 하지만 여성의 경우 한 번 화가 나면 오래 갑니다.

이런 차이를 모르는 남편들은 섣부른 화해를 시도합니다. 하지만 자신의 화가 풀렸다고 선물을 들고 와서 미안하다고 하면 아내의 화가 풀릴까요?

아내는 아직 화가 많이 나 있는 상태이기 때문에 남편의 화해 제스처를 달가워하지 않습니다. 오히려 혼자만의 시간을 가지면서 생각을 정리하고 싶어하죠. 실제로 부부 싸움 후 섣부른 스킨십이 갈등을 고조시킨다는 설문 조사도 있습니다. 이때 남편들은 "미안하다고 하잖아. 나보고 어쩌란 말이야?" 하고 다시 화를 냅니다. 그리고 남편들은 자신은 최선을 다했지만 받아주지 않았다고 아내를 비난하지요.

아내들은 어떻습니까? '속 좁은 인간이라 툭하면 화를 낸다'고 남편을 비난합니다. 쉽게 화를 내지만 또 쉽게 풀리는 남성들의 심리 구조에 대한 이해가 부족하기 때문입니다.

갈등을 푸는 열쇠는 서로에 대한 이해에 있습니다. 물론 쉽지 않지요. 그래서 세상에서 가장 고된 수도생활을 하는 사람을 아내들과 남편들이라고 하는 것입니다. 수도원에서는 여러 명이 함께 생활하니 마음 맞는 사람도 있고 마음이 맞지 않아도 피할 공간이 있습니다. 하지만 부부는 싫어도 한집에서 매일 얼굴을 마주치며 살아야 합니다. 그런 상황에서 갈등이 생기면 고행(苦行)이 따로 없습니다. 어쩌면 스님에게서 나오는 사리보다 끝까지 함께 살다가 죽은 부부에게서 나오는 사리가 훨씬 많을지도 모릅니다.

평생 함께해야 하는 사람을 이해하지 못하고 갈등 속에 산다면, 평생 불편한 마음을 가지고 살아야 한다는 결론이 나옵니다. 그러니 선택을 할 수밖에요. 마음에 안 들지만 그래도 예쁜 구석, 잘난 면을 꾸준히 찾는 노력을 해서 마음 편하게 살든가, 아니면 서로 꼴도 보기 싫어하며 죽을 때까지 마음 불편하게 살든가.

세상에서 가장 어려운 관계 중 하나가 바로
부부입니다. 행복해지려면 남녀 간의 차이와
성격의 다름을 인정하세요.

부모가 잘 사는 것이 최고의 자녀교육법

.
.
.

천당에 새로 들어온 남자가 있었습니다. 그런데 오자마자 시름 시름 앓기에 하느님께서 까닭을 물으셨습니다.

"식구들이 그리워서 견딜 수가 없습니다. 특히 아이들이 너무 보고 싶어요. 딱 사흘만 다시 살려주신다면 제 병이 나을 것 같습니다. 딱 사흘만 식구들과 함께 지내고 오게 해주세요."

"내 마음이 짠하구나. 딱 사흘이다."

남자는 좋아라하며 세상으로 내려갔습니다. 그런데 그날 밤, 해는 지고 이슥한데 천당 문 앞에서 구슬픈 곡소리가 들려왔습니다.

"하느님이 돌아가셨나?"

깜짝 놀란 주민들이 천당 문 앞으로 나가보니, 몰골이 엉망인 한 남자가 울고 있었습니다. 아침에 세상으로 내려갔던 바로 그 남자였습니다.

"사흘 있다가 오겠다더니 왜 벌써 왔소? 우는 이유는 또 뭐요?"

주민들이 묻자 남자는 사연을 이야기했습니다.

"세상에 내려가 관 속에 누운 내 몸 안으로 들어갔지요. 헌데 무엇으로 막아놓았는지 관 뚜껑이 열려야 말이지요. 그래도 죽을힘을 다해 간신히 열고 무덤 밖으로 나왔는데 얼마나 첩첩산중에 묻어 놨는지 집으로 가는 길을 찾을 수가 없었습니다.

산속을 한참 헤맨 끝에 겨우겨우 집으로 갔습니다. 벅찬 가슴으로 문을 열고 들어갔지요. '얘들아! 아빠다!' 하고 소리쳤지만 아무도 반기지 않는 겁니다. 오히려 마귀가 나타났다고 구마경(마귀를 몰아 내쫓는 기도)을 외우고 소금을 뿌리는 바람에 다시 돌아왔어요. 엉엉."

이 남자는 자신이 왜 가족들에게 문전박대를 당했는지도 모른 채 아직도 울고 있다는 슬픈 이야기입니다.

가끔 이렇게 묻는 이들이 있습니다.

"신부님, 아이를 어떻게 키워야 할까요?"

오죽하면 아이를 낳아 키워본 적 없는 늙은 총각에게 아이 키우는 법을 물을까 싶어 혼자 웃기도 합니다.

"잘 키우면 됩니다."

심각한 질문에 농담 같은 답을 하면 신도들은 그제야 혀를 끌끌 찹니다.

"어휴, 신부님은 경험이 없으셔서 아이 키우는 게 얼마나 힘든지 모르신다니까."

우리는 살아가면서 수많은 역할을 부여받습니다. 남편 노릇, 아내 노릇, 선생 노릇, 신부 노릇……. 그런데 사람이 해야 하는 노릇 가운데 가장 힘든 것이 부모 노릇입니다. 혼자서는 아무것도 할 수 없는 한 생명을 건사해 사회에 해가 되지 않는 건강한 어른으로 성장시키는 일 자체가 힘들기 때문입니다. 그뿐만 아니라 자녀 때문에 자신의 욕구를 희생해야 합니다. 직장을 그만두기도 하고, 잠을 못 자기도 하고, 아파도 병원에 가지 못하는 경우도 있습니다. 하지만 그렇게 최선을 다해 키워도 자녀는 고마워하기는커녕 부모가 못해준 것만 기억합니다. 심지어 부모를 부끄럽게 여기기도 합니다.

그렇다면 자신이 부모 노릇을 잘 하고 있는지 아닌지는 어떻게 알 수 있을까요?

1. 자녀에게 주는 용돈의 액수로 안다.
2. 자녀와 함께 보내는 시간으로 안다.
3. 자녀가 친구들에게 부모 자랑을 얼마나 하는지를 통해 안다.
4. 이 중에 답이 없다.

답은 3번입니다. 청소년을 대상으로 한 설문조사에 의하면, 아이들이 바라보는 부모는 크게 두 가지로 나뉩니다. 친구들한테 자랑하고 싶은 부모와 친구들한테 보이고 싶지 않은 부모. 친구들한테 보이고 싶지 않은 부모란 자녀 걱정하느라 자신의 삶은 뒷전이고 자기 관리도 하지 않는 사람이고, 자랑하고 싶은 부모란 자신의 삶을 충실하게 사는 사람이지요.

발달심리학에서는 부모가 아이의 좋은 인생 모델이 되어야 자녀를 잘 키울 수 있다고 봅니다. 자녀는 무의식중에 부모의 인생을 그대로 답습하거나, 반발심으로 부모가 원하는 바와는 정반대의 삶을 선택합니다.

: 화나면 화내고 힘들 땐 쉬어

부모가 '별 볼일 없는 사람'일 경우 자녀는 부모처럼 살지 않겠다고 다짐하면서 부모와는 정반대의 삶을 살아갑니다. '부모와 다른 삶'이 인생의 목표가 된다는 것은 바람직하지 않지요. 반면 자녀에 연연해하지 않고 스스로를 가꾸어나가며 건강하게 사는 부모는 좋은 본보기가 됩니다. 따라서 아이를 잘 키우는 가장 좋은 방법은 부모 스스로 잘 사는 것입니다.

다만 주의할 점이 있습니다. 대단한 성공을 거둔 부모를 둔 자녀가 모두 성공한 인생을 사는 것은 아니라는 것입니다. 너무 훌륭한 부모는 자녀에게 부담스러운 존재일 수 있습니다.

나이 지긋한 어른들은 젊은 사람을 만났을 때 "그래, 부모님은 무슨 일을 하시는가?" 하고 묻고는 합니다. 답을 듣고는 "그 아버지에 그 아들이군" 하고 칭찬하거나 "아버님은 훌륭하신데 자네는 왜 그렇게 사는가" 하고 힐난하기도 합니다. 자녀는 부담스러울 수밖에 없지요.

뛰어넘을 수 없는 장애처럼 여겨지는 부모는 무언가에 도전해보려는 자녀의 의지마저 꺾어버릴 수 있습니다. 성공한 부모일수록 자녀에게 자신의 삶의 방식을 따를 것을, 자신만큼 성공할 것을 완고하게 요구하기 쉽기 때문입니다.

이런 경우 자녀는 부모만큼 성공한 인생을 살지 못할 가능성이 높을 뿐더러 성공한다고 해도 자신이 원하는 대로가 아니라 부모의 욕구를 충족시키기 위한 인생을 살기 때문에 행복을 느끼지 못합니다. 그래서 남들 보기에는 부러울 것 없는데 스스로는 불만스러운 삶을 살지요.

부모와 자녀는 서로의 인생을 마주 비추는 두 개의 거울과 같습니다. 그러니 자녀 탓만 할 것이 아니라 늘 자신을 돌아보고 점검하는 시간을 가져야 합니다.

66

출산율이 낮아지는 이유가 아이 키우는 데
돈이 많이 들기 때문이라고 합니다.
하지만 더 큰 문제는 건강한 어른으로 아이를
키우기 위해서는 '나' 자신이
건강한 어른으로 살아야 한다는 것입니다.

99

마음 치유에도
발효과정이 필요해

원래 꼬치어묵은 단단한 정육면체에 피부가 하얀 꽃미남 총각이었습니다. 그런 어묵 총각이 온 마음을 다해 사랑하던 김밥 처녀가 어느 날 배신을 때리고 떠나버렸습니다. 깊이 상심한 어묵 총각은 매일 술로 지내며 김밥 처녀를 원망했습니다.

그날도 어묵 총각은 배신감에 치를 떨며 밤길을 가고 있었습니다. 그런데 저 앞에 자신을 배신한 김밥 처녀의 모습이 보였습니다. 어묵 총각은 황급히 김밥 처녀를 뒤쫓아 가 머리통을 한 대 쥐어박았습니다.

"겉과 속이 다른 김밥, 이 배신녀야!"

아닌 밤중에 뒤통수를 맞은 처녀가 깜짝 놀라 돌아보았지요.

"저는 순대인데요! 누구세요?"

"어이쿠! 정말 죄송합니다. 김밥인 줄 알았어요."

무안해진 어묵 총각은 도망치듯 자리를 피했습니다. 그는 곧장 집으로 가지 않고 포장마차에 들렀습니다. 그런데 포장마차 안에 김밥 처녀가 앉아서 소주를 마시고 있는 게 아닙니까. 어묵 총각은 '이번에는 실수하지 말아야지' 하고 단단히 결심하고 곁눈질로 처녀를 살펴보았습니다. 술을 많이 마셨는지 얼굴이 벌게져 있었지만 분명 김밥 같았습니다. 어묵 총각은 자신 있게 처녀의 뒤통수를 쥐어박았습니다.

"얼굴이 벌게지면 내가 모를 줄 알아!"

술을 마시다 봉변 당한 처녀가 자리에서 벌떡 일어섰습니다.

"너, 아까 나 때리고 도망간 어묵이지? 한 번은 참았다만 두 번은 못 참지. 술 취한 순대가 얼마나 무서운지 한 번 당해봐라!"

순대 처녀는 어묵 총각을 마구 밟아대기 시작했습니다. 얼마나 밟아댔는지 어묵 총각은 원래의 모습을 잃고 납작해졌습니다. 너무너무 속이 상한 어묵 총각은 그날부터 국물 속에 들어앉아버렸습니다. 두문불출하며 국물에 잠겨 있는 바람에 누렇게 떠버리기는 했지만 도를 닦아 경지에 오른 어묵 총각은 그 후 '오뎅 도사'로 이름을 날리게 되었습니다.

어느 날 한 자매가 찾아와 걱정거리를 털어놓았습니다.

"신부님, 딸내미가 남자친구하고 헤어지고 나서 이상해졌어요. 벌써 며칠째 자기 방에서 나오지 않고 있습니다. 저러다 죽을까봐 걱정됩니다. 제가 어떻게 하면 좋을까요?"

방에 콕 처박혀 울고불고 한숨 쉬고 있는 딸을 보면 어떤 부모라도 걱정하게 마련입니다. 하지만 그 자매의 걱정처럼 정말로 죽을까요? 아니면 더 건강해질까요?

사람들은 충격적인 사건을 겪고 나면 대체로 두 가지 반응을 보입니다. 다른 사람들을 만나 술을 마시고 한탄하거나, 두문불출하며 혼자 꼼짝 않고 있거나. 이 두 가지 모습에 대한 주위 사람들의 반응도 대조적입니다. 선자에게는 "건강하군", "잘 털고 사네" 등 긍정적으로 평가하는 반면 후자에게는 "어휴, 속 터져. 무슨 방 귀신이 씌었나, 저러고 있게", "천생 꽁생원이군" 하며 비아냥거리거나 답답해하지요.

그렇다면 영성심리에서는 어떻게 평가할까요? 일반인들과는 정반대로 해석합니다. 상처를 잊기 위해 다른 사람들을 찾아다니는 이들은 혼자 있기를 두려워하는 사람, 불편한 감정에 직면하기를 견디지 못하는 허약한 사람으로 여기는 것입니다. 이런 사람은 오히려 내적 상처가 쉽게 아물지 않고 오래간다고 합니다. 상처를 돌보지 않고 겉도는 삶을 살기 때문입니다. 마음에 깊은 상처를 입었는데도 활달하게 다니던 사람이 어느 날 갑자기 심각한 우울증에 걸리거나 자살까지 하는 이유이기도 합니다. 반대로 혼자 끙끙 앓는 이들은 건강하다고 합니다. 왜 그럴까요? 실연하거나 사별한 사람들이 방 안에서 나오지 않고 폐인 같은 몰골로 누워 있어도 괜찮은 까닭은 과거의 기억을 정리하고 자신이 겪은 상실의 의미를 파악하는 과정이기 때문입니다.

혼자 감정의 밑바닥까지 내려가 보는 시간을 가지고 있기 때문입니다. 자기만의 방에 홀로 있으면서 조용히 슬픔에 빠져 있는 시간은 마음의 치유를 얻기 위해 꼭 필요합니다. 그렇게 혼자서 속을 썩는 시간을 갖다보면 된장 냄새가 날 지경이 되지요. '심리적 발효 과정'이라고 할까요. 이 과정을 거치면서 성숙한 자아가 생기는 것입니다.

사람과의 관계에서 속상한 분들, 생각을 정리하고 싶은 분들,

성숙한 자아를 갖고 싶은 분들은 매일 잠깐이라도 혼자만의 시간을 가지기를 꼭 권합니다. 수도원에서 며칠 피정을 해보는 것도 권합니다. 홀로 잘 지내야 어울려 잘 지낼 수 있기 때문이고, 삶의 문제에 직면했을 때는 골방에 틀어박혀 내면을 들여다보는 시간이 절대적으로 필요하기 때문입니다.

66

홀로 잘 지내야 사람들과 어울려
잘 지낼 수 있으며, 문제에 직면했을 때는
골방에 틀어박혀 내면을 들여다보는 시간이
절대적으로 필요합니다.

99

생긴 대로 사는게 답

．
．
．
．

    신학교 동기인 엄 신부와 허 신부가 동시에 주임신부 발령을 받았습니다. 엄 신부는 강론도 잘할 뿐만 아니라 늘 기도하는 모습을 보이고, 옷도 한 치의 흐트러짐 없이 차려 입었습니다. 열심히 노력하고 또 시계처럼 정확하게 사느라 스트레스도 많았지민 그린 사신에게 자부심을 느꼈습니다. 하지만 스스로에게 엄격한 만큼 다른 사람들에게도 엄격해서 신자들은 어려워하며 신부 가까이에도 가지 못했습니다. 미사 시간에도 조는 사람은커녕 기침 소리 하나 없어서 엄숙 그 자체였습니다.

    어느 날 엄 신부는 문득 허 신부의 근황이 궁금해져서 그를 찾아갔습니다. 하지만 본당에 들어서자마자 눈살부터 찌푸려졌습니다. 수도원처럼 고요한 자기 본당과는 달리 성당 마당은 시끌벅적했고, 신자들은 로만 칼라(성직자의 신분을 나타내는 평복인 수단의 목 부분에 두르는 흰색의 칼라)를 한 자신을 보고도 어려워하는 기색이 없었습니다. 게다가 주일학교 미사는 노는 시간인지 미사 시간인지도 구분할 수 없을 정도로 뛰어노는 아이들로 개판이었습니다. 화가 난 엄 신부는 허 신부를 만나지도 않은 채 발길을 돌리면서 구시렁거렸습니다.

"이놈의 성당은 1년도 안 돼서 문 닫겠군."

그로부터 5년 후 인사 이동 때 엄 신부는 아주 작은 본당으로, 허 신부는 큰 본당으로 발령이 났습니다. 속이 상한 엄 신부가 주교님을 찾아가 따져 물었지요.

"제가 그동안 얼마나 열심히 일했는지 아시지 않습니까?"

"안다. 그런데 너보다 허 신부 본당 신자 수가 두 배나 더 늘었는데 어떻게 하냐? 게다가 헌금도 너보다 많이 모았더라."

한 달 전 엄 신부는 건축 기금을 모으기 위해 부유한 성당에 가서 강론을 한 적이 있었습니다. 총 1억 원을 모았는데, 그 성당에 도움을 청하러 온 손님 신부 가운데 최고 기록이었습니다. 그런데 한 달 후 역시 건축 헌금을 청하러 온 허 신부가 1억 5,000만 원이나 모금해 엄 신부의 기록을 깨뜨렸다는 것입니다.

속이 상할 대로 상한 엄 신부는 허 신부를 찾아 술집으로 끌고 들어가더니 다짜고짜 물었습니다.

"신학생 때부터 내가 너보다 공부도 잘하고 기도도 많이 하고 외모도 깔끔하고, 무엇보다 더 열심히 살았다. 그런데 어리바리하고 말도 잘 못하고 꾀죄죄한 네가 어떻게 신자 수를 내 두 배나 늘렸느냐? 그리고 1억 5,000만 원이나 모금했다면서? 대체 비법이 뭐야?"

"나는 내가 잘났다고 생각해본 적이 없어. 열심히 살지도 않았고. 그냥 생긴 대로 살았을 뿐인데 신자 수가 왜 늘었는지는 나도 모르겠다. 또 헌금은…… 너도 알지만 난 말을 잘 못하잖아. 그래서 강론대에 그냥 서 있었어. 그랬더니 신자들이 눈물을 흘리면서 논이고 반지고 다 꺼내주더라고."

엄 신부는 스스로에게나 다른 사람에게나 자신이 하느님 안에서 사는 거룩한 사람으로 보이기 위해 애쓰며 살았습니다. 반면 허 신부는 모자라면 모자란 대로 자기가 생긴 대로 살았습니다. 그

: 화나면 화내고 힘들 땐 쉬어

래서 엄 신부보다 행복했고 다른 사람도 힘들게 하지 않았습니다. 이렇게 자신이 처한 상황에 능력에 따라 순리대로 살면 나도 주변 사람도 편해집니다. 다른 사람을 의식해서 자신의 만족이 아닌 다른 것을 위해, 과시하기 위해 애쓰는 것만큼 힘든 삶도 없습니다. 하고 싶은 일을 하면서, 진짜 자신의 인생을 살아가고 싶다면 우선 있는 그대로의 내 모습을 인정하기 바랍니다. 그래야 행복해지고, 만족하면서 살 수 있습니다.

66

애써 무엇이 되려고 하지 마세요.
생긴 대로 사는 것이 정답입니다.

99

02.

삶은 원래
울퉁불퉁해,
힘들 땐 쉬어

⋮

대부분의 사람들은 순탄하고 편하게 살고 싶어 하지만
인생은 그렇게 호락호락하지 않습니다.
누구든 예외 없이 넘어지고,
길을 잘못 들어 헤매고, 돌아가기도 하죠.
그래서 달구지 타고 가듯 천천히 주변도 둘러보고,
바퀴도 점검하고, 소도 다독이면서 가야 합니다.

못된 사람에게도
복이 오는 게 세상

:
:
:

어느 날 천당에 주민들의 영적 지도자를 뽑는다는 공고가 나붙었습니다. 모집 공고를 보고 세 사람이 찾아왔는데 개신교 목사, 천주교 신부, 불교 승려였습니다. 스님이 제일 먼저 하느님 앞에 나아갔습니다.

"세상 모든 근심과 걱정은 집착에서 비롯된 것입니다. 그러니 다 끊어버리고, 불공만 열심히 드리면 반드시 좋은 일이 생깁니다."

가만히 듣고 있던 하느님이 말씀하셨습니다.

"네가 산중에서 열심히 산 건 알겠다. 그런데 가진 것도 없는 사람들한테 집착을 끊으라느니, 다 비우라느니 해서 없는 사람들을 노숙자로 만들었다. 자격 미달."

이번에는 목사가 나섰습니다.

"오로지 주님만 믿고, 주님의 뜻만 따라 살면 주님께서 무엇이든 다 알아서 해주십니다."

목사의 설교가 끝나자 하느님이 이르셨습니다.

"네가 그렇게 말하는 바람에 사람들이 일은 안 하고 하루 종일 나한테만 매달리는 통에 내가 진이 다 빠졌다. 어떤 놈은 왜 자기 기도를 들어주지 않냐고 내 멱살까지 잡았다. 그러니 넌 자격 미달이 문제가 아니라 지옥행이다."

마지막으로 모든 일을 건성건성 해치우는 신부가 나왔습니다.

"제가 다년간 화투를 치면서 경험한 바가 있습니다. 1년 내내 돈을 잃는 사람도 없고 돈을 따는 사람도 없습니다. 따다보면 잃을 때도 있고 잃다보면 딸 때도 있지요. 그러니 기도가 잘 든다고 기뻐할 일도 아니고, 기도가 잘 안 든다고 슬퍼할 일도 아니라고 생각합니다."

하느님의 얼굴이 환하게 밝아지셨습니다.

"그놈 참 바른 소리 하네. 네가 천당 주민들의 영적 지도자가 되어라."

신부가 막 영적 지도자로 임명되려는 찰나, 곁에서 지켜보고 있던 베드로 사도가 하느님께 아뢰었습니다.

"제가 저놈하고 화투 몇 판 친 적이 있는데 말은 저렇게 하지만 돈 따면 덩실덩실 춤추고, 돈 잃으면 게거품을 무는 놈이오니 다시 생각하소서."

"그러냐. 그런데 다른 후보자가 없으니 어떻게 하냐. 그래도 저놈 입은 쓸 만하니 입만 따로 떼어내어 쓰도록 하자."

그 후로 천당의 주일 미사 강론 때는 신부 주둥이만 나와서 좋은 말씀을 하고 있어서 '주둥이만 살았다'라는 신조어가 생겼다고 합니다.

흔히 '착하게 사는 사람에게는 나쁜 일이 생기지 않고, 나쁜 일을 하는 사람은 알게 모르게 그 대가를 받는다고 말합니다. 선량하게 살면 복을 받게 마련이고 죄를 짓고 살면 벌을 받네 초등부 주일학교 교재에나 나올 법한 수준의 믿음은 '비현실적 낙천주의'라고 할 수 있습니다.

물론 정직하고 성실하게 살면 긍정적인 경험을 할 가능성이 높고, 베풀며 살면 그만큼 보상 받을 확률이 높은 것은 사실입니다. 그러나 언제나 그런 것은 아닙니다. 나쁜 사람에게도 복이 오

고, 악한 사람이 벌을 받지 않기도 하며, 재능과 노력이 아니라 권모와 술수로 성공을 이루는 사람도 있습니다. 하지만 인생은 뿌린 대로 거두는 것이며, 반드시 그래야 한다고 생각한다면 '공정성의 함정'에 빠지고 맙니다.

삶은 결코 공정하지 않습니다. 세상일이란 우리가 믿는 대로 돌아가지도 않고, 때로는 이치에 맞지 않게 굴러가기도 합니다. 삶이 공정하다는 것은 비현실적인 환상입니다. 이 환상에 사로잡혀 있는 한 마음은 상처를 입고, 그 상처는 치유되지 않게 마련입니다.

따라서 우리는 '현실적 낙천주의'의 태도를 가질 필요가 있습니다. 현실적 낙천주의자는 삶이 공정하지 않다는 사실을 인정할 줄 압니다. 아무리 선량하고 성실하게 살아도 인생에서 시련과 고통을 겪을 수 있다는 점을 받아들입니다. 그렇다고 선량함과 긍정성, 낙천성을 포기하지는 않습니다. 사람을 불신하거나 세상을 비관하지도 않습니다.

다만 현실을 직시하고 그 안에서 긍정과 희망을 찾으며 열심히 살아갈 따름이지요. 그렇기 때문에 조금 억울한 일을 당해도 '왜 나한테만 이런 일이 생겨!'라는 생각보다 '또 시련이 왔구나' 하고 슬기롭게 헤쳐 나가기 위한 준비를 합니다. 그래서 건강한 삶의 필수

요건이기도 합니다. 아직도 '착하게 살아왔는데 난 항상 왜 이 모양이지?' 하고 생각하는 사람이 있다면 신문기사부터 훑어보시기 바랍니다. 그러면 금세 제가 앞서 한 말의 의미를 알게 될 것입니다.

66

착하게 산 사람에게도 불행은 오고
못되게 산 사람에게도 복이 오는 게 인생입니다.
따라서 비현실적인 낙천주의자가 아닌
현실적인 낙천주의자가 되어야 합니다.

99

빨리 빨리 조급증

:
:

하느님이 천당에 예루살렘 성전을 다시 짓고 싶어지셨습니다.
너무 오랫동안 사용하다보니 몹시 낡은 데다 싫증이 나기도 해서
다 부수고 새 건물을 세우고자 하셨지요. 그래서 일단 입찰을 붙
이셨습니다. 유럽 사람, 일본 사람, 한국 사람, 이렇게 세 명이 입
찰에 나서서 공사 기간과 견적을 제시했습니다.

유럽 사람이 제시한 공사 기간은 100년이었습니다. 일본 사람
은 공사 기간 50년에 견적은 유럽 사람의 두 배, 한국 사람은 공사
기간 1년에 견적은 유럽 사람의 절반 이하였습니다.

"어떻게 해서 이렇게 나왔는고?"

하느님의 질문에 유럽 사람이 대답했습니다.

"낮잠 자는 시간은 꼭 있어야 하고, 출퇴근 시간도 꼭 지켜야 해서 공사를 마치려면 100년이 걸립니다."

이번에는 일본 사람이 대답했습니다.

"저희는 낮잠은 안 자서 50년입니다. 하지만 자재는 꼭 일제(日製)를 써야 하기 때문에 견적은 두 배입니다."

한국 사람도 대답했습니다.

"저희는 밤낮을 가리지 않고 일하고, 자재는 철거할 성전 자재를 이용해 시멘트로 대충 때우기 때문에 공사 기간 1년, 견적도 절반 이하입니다."

천당 재정이 워낙 빈약했는지라 낙찰은 한국 사람에게 돌아갔습니다. 그렇게 1년이 지나 성전이 완성되었는데 보기에는 그럴듯했습니다. 1년 만에, 게다가 저렴한 비용에 새 성전이 지어진 것에 흡족한 하느님은 한국 사람들을 사랑하며 늘 데리고 다니셨지요.

그렇게 1년쯤 지났는데 천당 주민들의 항의가 빗발치기 시작했습니다. 성전 지붕에 비가 새는 건 기본이고, 여기저기 대충 땜질해놓은 칠들이 벗겨지는 바람에 성전이 흉물스럽게 변했기 때문입니다. 그래도 하나님은 "원래 싼 게 비지떡이야"라며 한국 사람들을 옹호하셨습니다.

다시 1년이 지난 어느 날 하느님이 베드로 사도를 불러 이르셨습니다.

"한국 애들은 따로 살게 하고 내 근처에도 못 오게 해라."

"왜 그러십니까?"

"쟤네들과 같이 밥을 먹으려니 죽을 지경이다. 5분 만에 다 먹어치우고는 날더러 왜 그렇게 깨작깨작 먹냐고 핀잔을 주지 않나, 술 한잔하자면서 수폭주, 원폭주……. 무슨 놈의 폭탄주가 그리 많은지. 게다가 원샷으로 마셔야 하고 남기면 또 빈정거리니 자존심이 상해 못살겠다. 쟤네들 하고 놀다가는 내 명에 못 죽겠어."

그날 이후 하느님 숙소 앞에는 '한국 사람 출입 금지'라고 쓰인 표지판이 세워졌다는 이야기입니다.

한국 사람이 가진 심리적 병을 늘자면 1번이 조급증이고, 2번이 화병입니다. 화병은 예전보다 줄어들었다고 합니다. 예전에는 하고 싶은 말을 마음속에 눌러놓고 사는 경우가 많았는데, 요즈음은 자신의 감정을 표현하는 것을 당연하게 여기는 분위기가 일반화되었기 때문입니다. 반면 정신의학자들에 의하면 조급증은 더 심해지고 있다고 합니다. 우리가 일상에서 "빨리빨리"라는 말을 얼마나 자주 사용하는지만 보아도 알 수 있습니다.

부모들은 어린 자녀들에게 늘 말합니다.

"빨리 숙제해라. 빨리 밥 먹어라. 빨리 자야지. 빨리 일어나. 빨리 학교 가."

이런 습관은 자녀가 커서도 달라지지 않습니다.

"빨리 돈 벌어라. 빨리 결혼해라. 빨리 애 낳아라."

빨리 죽으라는 말만 안 하지 무슨 일을 하든 빨리 하라는 독촉의 말을 평생 듣고 사는 것이 한국 사람입니다.

사정이 이렇다보니 운전을 할 때 "저 차는 왜 빨리 안 가고 난리야" 하고 말하는 사람이 늘 수밖에요. 속성 학원, 퀵서비스, 총알택시, 초고속 짜장면 배달은 우리 사회의 특성을 잘 드러내주는 예이죠.

이런 조급증은 사람을 쉽게 지치게 만듭니다. 조급증은 불안감과 경계심을 동반하기 때문에 신경이 예민해지고, 작은 자극에도 공격적이게 됩니다. 아드레날린이 과잉 분비되어 핏대를 올리게 되고, 신경질을 내게 되지요.

조급증 때문에 한국인 관광객 한 명은 태국에서 끔찍한 변을 당

하기도 했습니다. 한국 사람이 몰던 차와 태국 사람의 차가 부딪쳐 접촉사고가 났습니다. 태국 사람이 담배를 권하면서 대화를 시도하는데 한국 사람은 목에 핏대를 세우고 고래고래 소리를 지르다가 그 운전자가 쏜 총에 맞아 죽었다고 합니다.

조급증의 폐해는 또 있습니다. 장기적 관점의 투자를 할 수 없고 미래를 도모할 수 없다는 점입니다. 눈앞의 이익에만 연연해 공사를 해도 부실하고, 먹고 튀는 단기 투자에만 급급합니다. 하지만 이는 모두 장기적으로 보면 이익이 아니라 손해입니다.

느긋하게 삽시다. 멀리, 길게 보면 느긋한 게 빨리 가는 겁니다.

66
'빨리 빨리' 문화가 만들어낸 조급증.
나도 그 문화의 피해자이자, 가해자는 아닌지
성찰해볼 일입니다.
99

두통, 복통의
특효약은 잘 노는 것

.
.
.

천당의 경제 불황이 계속되자 하느님은 골치가 지끈지끈 아파 왔습니다. 머리를 싸맨 끝에 경제부 장관을 새로 임명하기로 하셨습니다. 중동의 석유 부자 나라 출신이라면 무언가 해법을 찾아낼 듯해 이슬람교도를 장관에 임명하셨지요. 그런데 이 장관이 물건 값이 떨어지면 "인샬라", 물건 값이 올라가도 "인샬라"만 외쳐대는 것이었습니다. 도무지 하는 일 없이 매일 기도만 하고 앉아 있으니 하느님은 그를 해임하고, 고속 경제성장을 이룩한 한국의 전직 경제부 장관을 새로 임명하셨습니다.

그런데 하느님은 수심이 더욱 깊어지셨습니다. 걱정이 된 베드로 사도가 왜 그러시냐고 물었습니다.

"저 한국인 녀석은 천당 경제가 안 풀린다고 나보다 더 성질을 부리고 난리를 쳐댄다. 내가 저놈 비위 맞추느라 아주 죽을 지경이다."

그런 어느 날이었습니다. 경제 전문가 삼인방이 한꺼번에 연옥에 들어왔다는 소식이 들려왔습니다. 하느님은 즉시 연옥에서 세 사람을 불러들이셨습니다.

"천당 경제를 살려놓기만 한다면 너희를 모두 천당으로 불러올리겠다."

하느님의 제안에 세 사람은 이구동성으로 대답했습니다.

"천당은 됐고요. 군용 담요 한 장만 주십시오. 그러면 천당 경제를 살려놓겠습니다."

하느님께서 군용 담요 한 장을 하사하신 얼마 후, 세 사람은 정말로 천당 경제를 살려놓았습니다. 치하도 할 겸, 어떻게 경제를 활성화시켰는지 궁금증도 해소할 겸 하느님은 그들을 불러들이셨지요.

"그러고 보니 너희 성도 모르는구나. 그래 성씨가 무엇인고?"

"저는 늘 높은 이상을 갖고 사는 고씨입니다."

"저는 경제의 도를 깨친 도씨입니다."

"저는 경제이론에 해박한 리씨입니다."

"그래?"

"네. 그래서 저희 셋을 '고도리 3인방'이라고 합니다."

"전공은 무엇이냐?"

"화투경제학을 공부했습니다."

"내 저번에도 말했다만 경제를 살려놓았으니 천당에 와라. 왜 안 오느냐?"

"연옥에는 찜질방이 있는데 천당에는 기도방밖에 없으니까요. 천당은 심심할 것 같습니다."

"그런데 군용 담요는 왜 달라고 했느냐?"

"저희 셋이 찜질방에서 화투를 치며 놀 때 꼭 필요하거든요."

그 이후 경제가 또 어려워지면 하느님은 고도리 삼인방을 천당으로 불러 자문을 구하셨고, 머리 아픈 일이 생기면 연옥에 가서 고도리 삼인방과 어울려 놀며 머리를 식히기도 하셨다는 이야기입니다.

우리는 누가 생각 없는 짓을 하거나 실수를 하면 "머리는 장식으로 달고 다니냐?"면서 놀립니다. 심지어 '꼴통'이라는, 모욕적인

: 화나면 화내고 힘들 땐 쉬어

말도 있지요. 군대에서는 기합으로 '원산폭격'을 시켜 머리를 학대하기도 합니다. 그러나 머리는 참으로 중요합니다. 뇌는 우리 몸의 통제소, 중앙컴퓨터시스템입니다. 심장은 얼기설기 엮어놓은 갈비뼈 안에 보관되어 있지만, 뇌는 단단한 두개골 안에 삼엄하게 보관되어 있습니다.

이렇게 중요한 머리가 아프다는 사람들이 많습니다. 평소 머리가 아프다거나 골치를 썩는다는 말을 자주 합니다. 귀찮고 힘든 일, 짜증나는 일을 당했을 때는 실제로 머리에 통증이 오지요. 그런데 이런 유의 두통이 유난히 잘 생기는 이들이 있습니다.

미국 캘리포니아대학의 심리학자 하워드 프리드먼(Howard Friedman) 교수에 의하면 A유형 성격(Type Personality)을 가진 이들이 그러한데, 공격적이고 경쟁적이며 야망이 높고 성질이 급하다는 특징을 가지고 있지요.

우리나라에서 두통약, 너불어 복통약이 잘 팔리는 이유는 한국 사람 대부분이 A유형 성격을 가지고 있기 때문입니다. 사촌이 땅을 사면 배가 아파서 이불을 덮고 드러눕는데, 머리까지 아파서 수건을 싸맵니다. 체면상 어디 가서 말은 못하고 혼자 끙끙 앓다가 결국 두통약, 복통약으로 달래곤 합니다. 그래서 약국에 두통약, 복통약이 그리도 많은 것이지요. 특히 요즘 같은 불경기에 미래가 불안할 때일수록 A유형의 성격들은 견디기 힘들어하고, 머리가 아프다는 말을 달고 삽니다.

그렇다면 이런 두통은 어떻게 치료해야 할까요? 경기가 어렵고 앞날이 암울할 때, 머리가 아프고 가슴이 조여올 때는 허리띠 졸라매고 더 열심히 살자 하고 구호를 외치는 게 아니라 잘 놀아야 합니다. 서양 사람들은 카드놀이를 많이 하는데, 놀이가 사고 능력을 키워주고 상실로부터 오는 충격을 극복하게 해준다는 사실을 경험으로 알고 있기 때문입니다. 운동 경기 관람도 유사한 효과를 일으킵니다. 경기장에 가서 선수들이 뛰는 모습을 보기만 해도 머리 아픈 것이 사라지고, 혈기가 솟구치지요. 잘 놀기 위한 가장 좋은 방법은 평소 좋아하는 취미나 운동과 관련된 동호회를 가입해서 활동하는 일입니다. 함께 어울려 놀다보면 두통, 복통도 가시고 무너지는 마음도 바로 세울 수 있습니다.

이쯤에서 펄쩍 뛰는 분들이 있을 겁니다. 주님은 늘 깨어 기도하라 하셨고, 십자가를 지고 당신을 따르라 하셨는데 노는 게 웬 말이냐고요. 그런 분들께는 《루가복음》 7장 34~35절을 읽어보라고 권하고 싶습니다.

'그런데 사람의 아들이 와서 먹고 마시자, 보라, 저자는 먹보요, 술꾼이며 세리와 죄인들의 친구이다 하고 너희가 말한다.'

이 구절만 보면 예수님이 한량이었다는 것을 알 수 있습니다. 죽음의 길을 가는 분이 노는 자리에는 다 계셨으니까요. 왜 그러셨을까요? 놀이의 치유 효과 때문입니다. 예수님은 죽음의 길을 가야 하는 심란한 마음을 달래기 위해 먹고 마시고 노는 자리에 함께하셨습니다.

혹시 자주 머리가 아프고 배가 아프다면, 신체 증상 이면의 심리 증상을 잘 살펴보십시오. 또 사람들과 점심시간에 짬을 내서 고도리라도 치고, 그것도 안 되면 가볍게 남의 흉을 보는 수다놀이라도 하며 힘든 시간을 잘 이겨내시기 바랍니다.

66

'자주 머리가 아프고 배가 아픈가요?' 그때는
약이 아닌 놀이가 필요합니다.

99

고단한 인생이
살만해지는 방법

·
·
·

나이 지긋한 이들이 흔히 하는 말이 있습니다.

"사람은 근본이 있어야 해."

"뿌리가 있어야지."

혹자는 이런 말에 반감을 갖습니다. 태어날 때부터 양반, 상놈
이 따로 있느냐고 분통을 터뜨리는 사람도 있습니다.

물론 모든 사람은 평등합니다. 그러나 모든 사람의 됨됨이가 똑
같은 것은 아닙니다. 성숙한 사람이 있는가 하면, 철이 덜 든 사람
도 있듯이 심리적 양반, 심리적 상민이 존재합니다. 이런 됨됨이
는 자라온 환경, 특히 가정환경에 의해 형성됩니다. 어른들이 '근

본', '뿌리'를 중요시하는 것은 이런 까닭입니다.

성장 환경 가운데에서도 가장 영향력이 큰 존재는 부모입니다. 어린아이는 부모의 말과 행동을 모방하며 부모의 가치관을 내면화하지요. 따라서 부모가 철이 덜 들어 자녀의 인생에 본받을 만한 스승, 훌륭한 멘토 역할을 하지 못하면, 또 자녀에게 무관심하거나 심지어 적개심을 가지면 힘없는 아이들은 심리적 고아가 되어버립니다. 가르침을 주거나 조언해주는 사람 하나 없이 외롭고 힘들게 자신의 인생을 만들어가야 합니다.

아무것도 모르는 아이가 홀로 자신의 인생을 만들어가니 그 인생이 온전하겠습니까? 마음속에 부모를 갖지 못한 아이들은 관계 맺는 법을 모릅니다. 부모와의 관계에서 배운 것이 없기 때문에 친구를 잘 사귀지도 못하고, 결혼생활을 원만히 해나가지 못하고, 직장 내 대인관계가 좋지 못해 이직을 밥 먹듯이 하고, 장사를 해도 손님과 싸워서 사업을 말아먹기 일쑤입니다. 술만 마시던 부모 원망에, 세상 원망, 낙오자로 살며 초라한 말년을 맞이할 확률이 높습니다.

해마다 명절이면 고향을 찾아가는 이들로 고속도로는 몸살을 앓습니다. 그러나 우리는 아무리 길이 막혀도, 가는 길이 아무리 멀어도 고향 찾기를 포기하지는 않습니다. 이렇게 고향을 찾는 이유는 무엇일까요?

1. 세뱃돈 때문에
2. 시간이 남아돌아서
3. 안 가면 찍힐까봐
4. 잘사는 거 자랑하려고
5. 귀소 본능 때문에

답은 5번입니다. 그렇다면 우리에게는 왜 귀소 본능이 내재해 있는 것일까요? 고향이란 어머니의 자궁과 같은 곳입니다. 우리가 평생 동안 가장 안전감을 느끼는 때는 어머니의 배 속에 있을 때라고 합니다. 따뜻하고 안전한 어머니의 배 속에서 세상으로 나오는 순간 삶의 괴로움은 시작되고, 성장하면서 좌절과 고통과 상실을 경험하는 만큼 어머니의 자궁으로 돌아가고픈 무의식적 욕구는 간절해집니다. 이를 귀소 본능이라 할 수 있습니다. 그러나 현실적으로는 불가능한 일이기에 대신 고향을 찾아가 어머니

자궁 속에서 느꼈던 안식과 위로를 얻고자 하는 것입니다.

그런데 근본이 없고 뿌리가 없는 이들, 돌아갈 고향이 없거나 마음속에 부모가 존재하지 않는 이들은 어떻게 해야 할까요? 우선 세 가지를 갖추기 위해 노력해야 합니다.

첫 번째는 종교입니다. 우리가 신을 믿고 종교를 갖는 이유는 여러 가지입니다. 그 가운데 하나는 삶의 지평이 넓어지기 때문입니다. 종교를 가지면 산봉우리의 꼭대기에 오른 사람처럼 삶을 바라보는 시각이 넓어지며 자기 존재의 의미를 깨달을 수 있습니다.

두 번째는 훌륭한 스승, 좋은 멘토입니다. 그로부터 인생의 고비, 중요한 선택의 순간마다 조언과 충고를 듣고 건강한 비판을 받을 수 있어야 합니다.

세 번째는 친구입니다. 친구의 중요성을 새삼 강조할 필요는 없겠지요. 나를 이해하고 사랑하는 친구들은 바람을 막아주는 벽이 되어주고 추위를 막아주는 옷이 되어줍니다. 그런 친구들이 있는 곳이 바로 고향입니다.

방에 틀어박혀 컴퓨터와 놀고 외로울 때나 힘들 때, 불안할 때면 한 상자나 사다놓은 약을 먹어가며 인간과의 접촉 없이 사는 주인공이 나오는 영화를 본 적 있습니다. 기계와도 같은 삶이지요. 그러나 우리는 모두 영적인 존재입니다. 우리는 나 이외의 다른 사람과 신이 있어야 살 수 있는 존재입니다. 그래서 내 주변에 좋은 사람, 내 평생 함께할 친구를 만드는 일에 소홀하면 안 됩니다.

부모가 없고 고향이 없어도 곁에 좋은 사람이 있으면 고단한 인생도 살만해지니까요.

66

부모가 없고, 고향이 없어도 함께 실어길 수 있는
친구를 만들면 인생은 행복해집니다.
좋은 사람, 친구를 만드는 일에 더욱
힘써야 하는 이유이기도 합니다.

99

약간 모자란 듯 불편한 삶이 주는 미덕

．
．
．
．

어떤 나라에 온갖 재주꾼들이 다 모여 있는데, 그 가운데서도 요리사 출신들이 단연 인기였답니다. 왕이 워낙 미식가인지라 요리사들은 매일 돌아가며 맛있는 음식을 모두 해드렸습니다. 그렇게 1년여가 흘렀습니다. 왕은 식사를 적게 하기 시작하더니 짜증을 내다가 급기야 밥상을 뒤엎는 일까지 벌어졌습니다. 그 바람에 나라가 발칵 뒤집어져서 긴급대책회의가 열렸습니다. 재상이 물었습니다.

"이 난국을 타개할 사람이 누가 있는가?"

좌중이 물을 끼얹은 듯 조용한데 맨 뒷자리에서 한 사람이 번쩍

손을 들었습니다. 성이 '아'씨요 이름은 '무거나'로, 아무거나 주는 대로 먹는 사람이었습니다. 재상은 속는 셈치고 아무거나 씨를 새 주방장으로 임명했습니다.

주방장이 된 아무거나 씨는 음식 만들 생각은 하지 않고, 친구 배터지게 씨를 불러서 주방의 음식을 모조리 먹어치우기 시작했습니다. 그러기를 사흘째, 그동안 통 음식을 못 먹은 왕이 역정을 내었습니다. 그러나 아무거나 씨는 천연덕스럽게 대답했습니다.

"아무거나 드셔서는 아니 되옵니다. 조금만 더 참으시옵소서."

그러고는 주방으로 돌아가 배터지게 씨와 남은 음식을 또 먹기 시작했습니다. 대미는 라면으로 장식했지요.

"에구, 배가 불러서 도저히 더는 못 먹겠다."

건더기가 조금 남은 라면 냄비를 그대로 둔 채 둘은 자빠져 잠이 들었습니다.

한편 방 안에서 오지 않는 음식을 기다리던 왕은 구수한 냄새를 맡자 더 참을 수 없어 체면 불구하고 주방으로 몰래 들어갔습니다. 그러자 라면 냄비가 눈에 확 들어왔습니다. 어찌나 맛있어 보이던지 살금살금 다가가는데, 잠결에 바스락 소리를 들은 배터지게 씨가 눈도 뜨지 않고 "이놈의 쥐!" 하며 신발 한 짝을 집어던졌

습니다.

신발은 하필 왕의 코에 명중했습니다. 하지만 왕은 포기하지 않고 "찍찍" 소리를 내며 라면 냄비를 방으로 들고 들어가는 데 성공했습니다. 코피를 흘리면서도 국물 한 방울 남기지 않고 라면을 다 먹은 왕은 이렇게 말하였다 합니다.

"내 평생 맛본 음식 가운데 최고다!"

그 이후 왕이 투정을 할 때마다 아무거나 씨가 해결사로 나서고 있다는 소식입니다.

세상에서 가장 행복한 사람은 살맛나는 사람입니다. 밥에서 돌이 나와도 맛있고, 아무리 불편한 잠자리에서도 베개에 머리만 닿으면 단잠이 들고, 아침에 눈을 뜨면 괜히 기분이 좋은 사람. 이런 사람이 살맛나는 인생을 사는 사람입니다. 이런 삶을 살려면 어떻게 해야 할까요? 답은 성경에도 나와 있습니다.

'가난한 사람은 행복하다. 하늘나라가 그들의 것이다.'

가난하면 행복하다니 이 무슨 김밥 옆구리 터지는 소리인가 하겠지만 여기서 말하는 가난이란 절대 빈곤이 아니라 약간의 결핍을 의미합니다. 약간 부족하고 약간 불편한. 우리의 몸과 마음은 모든 조건이 완벽하게 채워졌을 때 행복으로 충만해지는 것이 아니라 시간이 지날수록 불만을 느끼고 쉽게 짜증을 내게 됩니다. 그러나 약간 모자란 듯 불편한 삶 속에서는 오히려 행복을 느낍니다. 배부를 때 먹는 산해진미와 배고플 때 먹는 라면 한 그릇, 어느 쪽이 우리에게 행복을 줄까요?

　모든 것이 갖추어진 상태에서는 권태가 엄습하기 십상이지만 다소 결핍된 상태에서는 소소한 것에서도 큰 만족을 느낄 수 있습니다. 훨씬 경제적이지요. 모든 것을 다 갖추려 하지 마시고 부족한 상태에서 큰 기쁨 맛보며 사시기 바랍니다.

66

모든 것을 갖추면 행복해질 것 같지만
인생살이는 그렇지 않습니다.
오히려 약간의 결핍이 느껴졌을 때 감사함을 느끼고,
하루하루를 만족하면서 살아간다고 합니다.

99

원수는 사랑해도
성격장애자는
피하는 게 상책

:
:
:

자꾸 물건이 없어진다는 천당 주민들의 민원을 접수한 베드로 사도는 주민들의 신원조회를 시작했습니다. 그런데 왠지 느낌이 좋지 않은 사람이 한 명 눈에 띄었습니다.

"직업이 뭐냐?"

"민부객사 없애려고 밤낮으로 노력하는 사외운동가입니다."

"구체적으로 말해라."

"양상군자(梁上君子, 들보 위의 군자라는 뜻으로 도둑을 완곡하게 이르는 말)입니다."

"쉽게 말해봐."

"도둑놈입니다."

"자식, 진작 그렇게 말하지. 근데 내가 알기로 넌 늘 혼자 일한 다는데 왜 그러냐?"

"세상에 믿을 놈 있어야죠."

"마누라도 도망갔다며?"

"그거야 또 훔쳐오면 되지요."

"넌 휴가도 안 가냐?"

"잡히는 날부터 휴가입니다."

"네 아들 학적부에 아버지 직업은 뭐라고 돼 있느냐?"

"귀금속 이동센터 운영."

"너도 슬플 때가 있느냐?"

"제가 훔친 시계를 마누라가 팔러 나갔다가 날치기 당했을 때 슬펐습니다."

"마누라가 뭐라더냐?"

"본전치기 했다 하더군요."

"아들 교육은 어떻게 시키느냐?"

"절대 들키지 않게 제가 현장을 데리고 다니면서 특별 교육을 합니다."

"근데 여긴 어떻게 들어왔냐?"

"정문으로 안 되서 담치기를 했습니다."

"에라. 이 도둑놈아."

"그건 아까 말씀드렸는데요."

이렇게 도둑은 베드로 사도의 말꼬리를 물고 늘어지며 천당에서 계속 살기 위해 잔머리를 굴려서 베드로 사도가 화병에 걸리게 했다는 이야기입니다.

많은 분들이 교회는 그가 어떤 사람이든 받아주고 이해해주어야 한다고 생각합니다. 그래서 한 신부는 죄를 고백한 죄수를 대신해서 감옥에 들어간 일까지 있었지요. 신자가 직원을 해고하거나 교회가 불청객을 내보내려 하면 대부분은 이렇게 말합니다.

"천주교 신자가 어떻게 그럴 수 있습니까?"

"일곱 번씩 일흔 번이라고 용서해야 하거늘 신부가 그러면 안 되지요."

"예수님은 원수도 사랑하라 하셨는데 신부가 그러면 됩니까?"

그러나 신부도 때로는 공동체와 맞지 않는 사람을 내보낼 수 있습니다. 《마태복음》 18장 15절~17절에 이런 구절이 있습니다.

'네 형제가 너에게 죄를 짓거든 가서 단 둘이 만나 그를 타일러라. 그가 네 말을 들으면 네가 그 형제를 얻은 것이다. 그러나 그가 네 말을 듣지 않거든 한 사람이나 두 사람을 더 데리고 가라. 그가 그들의 말을 들으려하지 않거든 교회에 알려라. 교회의 말도 들으려고 하지 않거든 그를 다른 민족이나 세리처럼 여겨라.'

그런데 도대체 교회에서조차 꺼리는 사람들은 어떤 사람들일까요? 성격장애자들입니다. 우리는 흔히 누구는 성격이 안 좋다든가, 누구와는 마음이 맞지 않아 같이 일을 못하겠다든가 하는 말을 합니다. 물론 이런 말은 각자 성격이 다른 데서 오는 갈등이기에 감수할 여지가 있습니다. 그러나 성격장애의 경우는 다릅니다.

성격장애자들은 비적응적 행동을 하는 데다 업무 수행 능력이나 사랑하는 능력이 터무니없이 부족합니다. 교묘한 방법으로 다른 사람들에게 해를 끼치기도 합니다. 요컨대 성격장애자들은 공동체를 분열시킬 가능성이 크기 때문에 초기 교회에서는 이들을 격리하지 않을 수 없었던 것이지요.

하느님은 이웃 사랑을 강조하셨기에 많은 신자들이 모든 사람에게 잘하려고 노력합니다. 그러다가 성격장애자를 만나 심한 마음고생을 하기도 합니다. 그리고 이때 '하느님은 원수도 사랑하라 하

셨는데'라고 스스로 자책하며 성격장애자들을 내치지 못합니다.

우리는 그리스도인으로서 사랑을 베풀어야 합니다. 하지만 모든 사람에게 똑같은 방법으로 사랑을 베풀 수는 없습니다. 사랑받을 준비가 되어 있지 않은 사람에게는 다른 방법을 사용해야 할 때도 있고, 감당하기 어려울 때는 피할 줄도 알아야 지혜로운 신앙인입니다. 그래서 하느님은 말씀하셨지요. "양처럼 순하되, 뱀처럼 슬기로운 자가 되라"고.

66

주위에 좋은 사람들만 있다면 좋겠지만
그건 불가능한 일입니다. 우리의 주변에는
항상 성격장애자들이 있게 마련입니다.
그렇다면 그들도 사랑해야 할까요?
대답은 No!입니다.

99

누가 그래?
천당이 편하다고

평생 텔레비전 앞에 누워 빈둥거리면서 주는 밥 먹고, 손가락 까딱하기도 귀찮아 발가락으로 심부름을 시키던 남자가 비만에 심장병으로 사망했습니다. 그래도 양심은 있는지 남자는 그토록 게으르게 살았는데 과연 천당에 갈 수 있을까 하고 의구심을 품었습니다. 그런데 웬걸, 매일같이 산해진미가 상다리 부러지도록 차려지고, 젊고 상냥한 미녀들이 밥 시중에 술 시중, 심지어 화장실 가는 것까지 시중을 드는 것이었습니다.

"이게 꿈인가, 생시인가?"

남자는 자신이 천당에 왔다는 사실이 믿어지지가 않아서 매일 자기 볼을 꼬집어보았습니다. 문제는 그렇게 지내다보니 살아 있을 때보다 더 살이 쪄서 움직이기조차 힘들어졌다는 것입니다. 또 아무리 산해진미라도 삼시 세 끼 먹다보니 지겨워졌습니다.

"나 그만 먹을래!"

하지만 시중을 드는 미녀들은 가는귀가 먹었는지 남자의 말을 듣지 않고 계속해서 입에 음식을 넣어주었습니다. 견디다 못한 이 남자, 하느님께 소리쳤습니다.

"아니, 무슨 천당이 이 모양입니까?"

하느님은 어이없다는 표정으로 말씀하셨지요.

"거기가 천당이라고 누가 그러더냐. 거기는 비만지옥으로 배가 터져도 밥을 먹여주는 곳이야."

천당은 호의호식하는 곳이라는 잘못된 상식을 가진 이들에게 진실을 알려주는 이야기입니다.

우리는 누구나 고생하지 않고 몸 편히 살고 싶어 합니다. 돈을 버는 이유도 그 때문이지요. 총각이 장가가는 이유도 차려주는 밥을 편하게 먹고 싶어서입니다. 시어머니가 며느리를 두는 이유는 아들 수발 드는 것을 그만하기 위해서이고, 본당신부가 보좌신부를 두는 이유 역시 편하고 싶어서입니다.

편하게 살고 싶은 것이 보편적인 욕구이다보니 육체노동을 하며 불편한 환경에서 사는 사람은 불행한 삶을 살고 있다고 생각하고, 심지어 벌을 받는다고 여기기조차 합니다. 《창세기》3장에서 아담이 에덴동산에서 추방당한 후 노동을 하게 된 일을 저주라고 생각하는 것과 같은 맥락입니다.

시집간 딸이 친정에 왔을 때 엄마가 제일 먼저 보는 것이 손입니다. 딸의 손이 곱고 통통하면 시집을 잘 갔다고 기뻐하고, 거칠면 고생하며 불행하게 산다고 딸을 붙잡고 울어댑니다.

남아시아 처녀들 사이에서 눈이 크고 날렵한 몸의 남자는 인기가 없습니다. 눈도 작고 뚱뚱한 남자가 인기가 많은데, 돈 많은 사람은 편안하게 살아서 뚱뚱하다는 선입견 때문입니다. 산업도 마찬가지입니다. 지금까지 산업은 어떻게 하면 인간이 더 편해질 수 있을까 하는 방향으로 발전해왔습니다.

그렇지만 언제나 편하게 사는 것이 좋지만은 않습니다. 편안한 삶에는 중독성이 있기 때문입니다. 일시적인 편안함은 휴식과 재충전의 기회를 주지만 지속적인 편안함은 우리의 몸과 마음을 병들게 하기 십상입니다. 예컨대 몸이 편안하기 위해 문명의 이기들

에 의존하다보면 따로 시간과 에너지를 들여 운동하지 않는 한 비만 등 질병에 시달리게 됩니다. 디지털시대에 사는 지금이 훨씬 불편했던 아날로그시대에 살 때보다 더 행복하지 않은 것과 같은 맥락입니다.

심리적·정신적인 면에서도 편한 것만 찾다보면 성장할 수 없습니다. 마음 편하게 하려고 자신의 깊은 곳을 들여다보지 않고, 마음 편하게 하려고 스스로를 속이며, 마음 편하게 하려고 진실을 외면한다면 어떻게 될까요?

성장은 고통을 수반하게 마련입니다. 사람을 사귈 때도 정신적인 성장에 도움을 주는 사람보다 그저 편한 사람만 찾다보면 끼리끼리 어울려 유치한 관계를 형성하게 십상입니다. 우리가 아닌 이들에게는 매우 배타적이 되고 심리적 퇴행을 할 가능성이 높습니다. 떼로 몰려다니면서 쓸데없는 소문이나 만들어내는 삼류 집단을 만드는 것이시요.

그렇다면 어떻게 살아야 할까요? 이 물음에 대한 답도 단순합니다. 조금은 불편한 삶을 살아야 한다는 것입니다.

낭뇨병이 있는 한 선배 신부는 아직도 휴대전화 없이 유선전화를 사용합니다. 전화가 걸려올 때마다 일어나서 전화기까지 가야 합니다. 그 모습이 불편해 보여 휴대전화를 사용하시라 했더니 손을 내젓더군요.

"사람은 몸을 움직여야 건강한 법이야. 내가 움직이는 걸 싫어해서 당뇨병에 걸렸어."

미국 수녀원에서 100세가 넘은 수녀님들을 관찰했더니, 하루 종일 고물고물 무슨 일인가를 하는 분들이 건강하게 장수한다는 결과가 나왔습니다. 사실 어느 수도원이든 모토는 "기도하라, 그리고 일하라(Ora et labora)"입니다. 어느 종교든 비슷하지요.

알맞은 노동과 적당한 결핍이 있을 때 우리는 더 행복합니다. 편안함에 묻혀 살다가 병나지 않도록, 예방 차원에서도 가끔은 불편하게 사는 시간을 가져보시기 바랍니다.

66

적당한 노동과 적당한 결핍이 있을 때
우리는 행복감을 느낍니다.

99

지나치게 꼼꼼하면
치매 걸리기 십상

하느님께서 천당 국무위원들을 교체하기로 하셨습니다. 하나같이 덜렁거리는 데다 마음은 어찌나 약한지 자꾸 퍼주고, 봐주고, 넘어가 천당 재정이 바닥날 지경에 이르렀기 때문입니다. 하느님은 국무위원들을 모두 해임하고, 치밀하고 꼼꼼하고 계획적인 사람들을 뽑아 새 국무위원에 임명하셨습니다. 국무위원들이 교체되자 천당 창고에는 물건이 가득하고, 통장에는 돈이 차기 시작했습니다. 하느님은 매우 흡족해하셨습니다.

그러나 얼마 지나지 않아 민원이 빗발치기 시작했습니다. 천당 주민들이 무엇을 해달라고 요구할 때마다 국무위원들이 온갖 이유를 대며 거절하는 바람에 주민들의 불만이 극에 달한 것입니다. 게다가 잔소리는 또 얼마나 많은지 하느님의 행동이나 옷차림까지 잔소리를 해대서 하느님은 화병이 날 지경이었습니다. 대노하신 하느님은 결국 국무위원들을 대거 교체할 것을 예고하셨습니다. 이에 꼼꼼이들과 치밀이들은 대책회의를 열어 생존 방법을 강구했지요.

대책회의 다음날부터 꼼꼼이들과 치밀이들은 자신들이 사실 덜렁이들이라는 점을 거짓으로 증명하기 위해 애쓰기 시작했습니다. 식사 자리에서는 음식을 흘리고, 화장실에서는 소변을 흘리고, 커피를 마시다가 하느님 바지에 쏟는 등 이전에는 하지 않던 행동들을 했습니다.

보다 못한 하느님이 베드로 사도에게 명하셨습니다.

"이 사람들이 아무래도 노망이 든 것 같으니 당장 격리해라."

그렇게 해서 천당에 느닷없이 치매 노인 수용소가 생겼고, 꼼꼼이들과 치밀이들은 1기생으로 입소했다는 이야기입니다.

우리는 흔히 꼼꼼하고, 철저하고, 계획적인 사람들이 사업에 성공하고 인생에서도 성공한다고 생각합니다. 정말 그럴까요?

동방박사들과 열두 제자들(특히 베드로 사도)은 덜렁거리는 성격이었고, 많은 성인들도 치밀하고 계획적인 성격은 아니었습니다. 토머스 머튼(Thomas Merton) 역시 덜렁거리기로 아주 유명했습니다. 물이 가득 찬 욕조에서 전기기구를 쓰다가 감전되어 사망할 만큼 덜렁거리는 성격이었지요. 하지만 그는 '20세기 최고의 가톨릭 영성 작가'로 기억되고 있습니다. 그의 책들은 전 세계에 번역되어 수많은 이들에게 애독되고 있지요. 많은 이들이 토머스 머튼에게서 소중한 깨달음과 따뜻한 위안을 얻고 있습니다. 덜렁거리는 성격의 소유자였음에도 불구하고 그의 삶은 매우 성공적이었음이 분명합니다.

헤로데 왕을 찾아가 눈치 없는 행동을 한 일로 보건대 동방박사들도 꼼꼼하고 치밀한 성격은 아니었습니다. 동방박사들이 어떤 성격의 소유자들이었는지 아는 것은 중요합니다. 아기 예수를 만날 수 있는 성격 유형에 대한 답을 주기 때문입니다.

동방박사들이 서로에게 지기 싫어하면서 자존심만 내세웠다면 아기 예수를 찾아가는 여정을 끝까지 함께하지 못했을 것입니다. 작은 일에도 실패할까봐 전전긍긍하며 사는 사람들이 있습니다. 그런 이들은 "나 자존심 상해서 안 하련다" 하는 말을 입에 달고 살거나, 일찍 은퇴해서 심리적 노인 대열에 합류해버리고는 "내가 왕년에는 한가락 했는데"라는 말로 자기 위로를 하며 궁색하게 말년을 보냅니다. 어떤 일에 대해 실패했던 경험에 대한 두려움이 열등감을 만들어냈기 때문입니다. 그래서 이런 사람들은 실패하지 않기 위해 지나치게 꼼꼼하고 치밀합니다. 그러니 인생에서 성공하기가 요원합니다. 너무 치밀한 나머지 큰 그림을 그리지는 못하기 때문입니다. 그래서 자신이 무언가 대단한 일을 할 것으로 생각하지만 실제로는 큰일을 도모하거나 해내지 못합니다.

이처럼 완벽주의라는 목표를 가지고 살면 자기 부정, 자기 혹사의 굴레에 갇혀버려 쓸데없이 사소한 일에 몰두하게 됩니다. 자기를 옭아매는 조잡한 인생이지요.

동방박사들은 자기 자신은 물론 서로에게 관대했기에 아기 예수를 만날 수 있었습니다. 그 여정은 하루 이틀이 아닌 긴 여정이었습니다. 경험자라면 긴 여행에는 건강한 몸과 마음이 필수적이라는 사실을 잘 알 것입니다.

혈액순환이 잘 되어야 건강하듯이 마음의 에너지가 원활하게 순환될 때 건강한 마음을 가질 수 있습니다. 그런데 지나치게 꼼꼼하고, 치밀하고, 계획적인 성격의 소유자들은 이 순환의 길이 막

혀서 골골거리고 활력 없이 살게 마련이지요.

　그렇다면 우리가 동방박사들처럼 아기 예수를 만나는 행운을 얻으려면 어떻게 해야 할까요? 완벽주의를 버리고, 실패에 너그럽고, 목표 수준을 낮추고 사는 것도 필요합니다. 웬만한 일에는 신경을 끄고, 약간 부주의하게 살아야 합니다. 그래야 에너지 소모를 줄이고 더 중요한 일에 집중할 수 있습니다.

　성공과 행복을 얻기 위해서 지금부터라도 약간은 느슨하게, 약간은 부주의하게, 약간은 덜렁거리며 사시길 바랍니다.

66

깐깐하고 꼼꼼한 사람보다 조금은 덜렁대고
느슨한 사람이 행복합니다.
자기 자신에게 완벽의 잣대를 들이대지 말고,
커피 한 잔의 여유를 가지시길 바랍니다.

99

도움도 받을 만한 사람한테 줘야

. . . .

어떤 형제가 젊은 본당신부를 찾아가 괴로움을 호소했습니다.

"신부님, 저는 참으로 몹쓸 인간입니다."

"왜 그럴까요?"

"친구가 보증을 서달라고 할 때 서주지 않았고, 돈을 빌려달라고 할 때도 액수가 너무 커서 불안한 생각이 들어 빌려주지 않았습니다. 저는 참 못된 인간입니다."

젊은 본당신부가 호통을 쳤습니다.

"아니 어떻게 가톨릭 신자가 그럴 수 있습니까? 당장 친구한테 가서 보증도 서주고, 돈도 빌려주세요!"

고민 고민하던 신자가 이번에는 옆 본당의 노인 신부를 찾아가 자초지종을 이야기하고 괴로움을 호소했습니다. 그러자 노인 신부는 대성 일갈했습니다.

"그 젊은 신부놈, 내 돈 빌려간 지가 벌써 1년이 넘었는데, 아직도 안 갚고 미안하다는 소리 한 번 없었지. 그런 놈이 그런 말을 했단 말이오? 다음에 또 그런 소릴 하면 내가 가서 입을 꿰매버리겠다고 전하시오."

"예, 알겠습니다."

"형제님 행색이 남 돈 빌려줄 처지가 아니니 자기 것이나 잘 챙기고 사시오."

도움이 필요한 사람, 가난하고 힘없는 사람을 돕는 일은 아름답지만 주의할 점들이 몇 가지 있습니다. 우선 자신의 처지에 알맞은 도움을 주어야 합니다. 자기 형편을 생각하지 않고 주고 싶다고 다 퍼주면 식구들은 뭐 먹고 삽니까.

또 남을 도울 때는 내가 도울 만한 사람인가, 도움을 받고 고마워할 줄 아는 사람인가를 파악해야 합니다.

어떤 본당에서 성당 안에 있는 식수를 동네 사람들에게 제공하기로 했습니다. 그런데 시간이 지나면서 부작용이 생겼습니다. 동네 사람들이 고마워하기는커녕 당연한 것으로 알뿐더러, 성당 문을 닫아놓으면 '물을 떠 가야 하는데 왜 닫았느냐'며 오히려 화를 내는 것이었습니다. 심지어 아침 미사 시간인데도 성당에 파자마 바람으로 휘휘 들어와서는 물동이를 내려놓고 담배를 피우며 잡담들을 했습니다.

그 본당신부가 어떻게 하면 좋겠느냐고 저에게 묻기에 수도꼭지를 아예 없애버리라고 했습니다.

"물을 줘도 욕하고 주지 않아도 욕한다면, 안 주고 욕먹는 게 나아요. 고마움도 모르고 예의도 없는 사람들은 주지도 말고 상대하지도 않는 게 상책입니다."

명동성당의 경우도 그렇습니다. 많은 이들이 명동성당에서 농성을 하고 나가지만 청소를 하고 가는 경우는 극히 드뭅니다. 오히려 대부분의 사람들이 성당에서 왜 도움을 주시 않느냐고 큰소리를 칩니다.

도움을 주면서도 빼앗기고 욕먹는 일이 너무나 많습니다. 그래서 남을 도울 때는 상대방이 도움을 받을 만한 사람인가 아닌가를 분명히 파악해야 합니다.

또한 남을 돕는 일과 자기 감정 푸는 일을 혼동하지 말아야 합니다. 상대방이 가진 문제를 자기가 다 해결해주어야 한다고 생각하는 경우가 그 예이지요.

상대방이 힘들고 어려운 점을 이야기할 때 상대방의 의사와 상관없이 문제를 해결할 방법까지 상세하게 알려준다든가, 아예 직접 나서서 해결하려고 하는 경우입니다. 그러나 그것은 진정한 도움이 아닙니다.

부모의 지나친 배려와 도움으로 의존적으로 변하는 아이들이 허다하지요. 요즘 부모들은 숙제도 대신 해주고, 그리기 대회 나가면 그림도 그려주고, 친구 관계도 풀어주고, 학교에 가서 선생님께 항의도 합니다.

계속 그렇게 자녀의 문제를 부모가 해결해주면 그 아이는 어떻게 되겠습니까? '누군가 또 대신 내 일을 해주겠지' 하는 연약하고, 책임감 없고, 의존적인 아이가 되어버립니다.

자신의 도움 없이는 꼼짝도 못하게 하는 것은 상대방을 사람이 아니라 애완견으로 보기 때문입니다. 애정 때문이 아니라 지배욕구 때문입니다. 도와주는 것이 아닙니다. 자신은 만족할지 몰라도 상대방을 망가뜨리는 결과를 낳기 때문입니다.

양처럼 순하되 뱀처럼 슬기롭게 베푸시기 바랍니다.

"

무작정 다른 사람을 위한다고 희생하는 것은
아무도 바라지 않습니다. 그러다 보면 상대방도
불편하고, 희생한 나도 속상하죠. 도움을 줄 때도,
내 감정이 아닌 상대방에 대한 배려가 필요합니다.

"

용서가 안 될 때는
손익계산서를 따져봐야

.
.
.

어느 날 한 형제가 와서 고해성사를 보았습니다.

"그 사람이 용서가 안 됩니다. 그래서 아주 많이 미워하고 있어요. 심지어 어디 심하게 다치라고 악담을 하기까지 했습니다."

"왜 그러셨나요?"

"그 사람이 제게 아주 큰 상처를 주었습니다."

"그런 경우는 정당방위라고 하지요. 고해성사를 보지 않으셔도 되고요."

"정말요? 하지만 사람을 미워하는 마음은 죄가 아닌가요?"

"누가 나를 찔러서 피가 철철 나는데 얼마나 아픕니까. 그러니 미워할 수밖에요."

"아니, 그래도…… 용서해야 하는데 잘 안 되네요."

"용서는 상처가 아물어야 되는 것이지, 의지로 되는 것이 아닙니다. 실컷 미워하고 나면 용서하게 되실 겁니다."

"그래도 보속(죄로 인한 나쁜 결과를 보상하는 일)은 주셔야지요."

"무슨 대죄를 지었어야 보속을 주지요. 그냥 가세요. 어디 가서 속풀이나 하시고요."

용서는 물론 해야 합니다. 용서하기란 매우 어렵지만 계속 미워하기보다는 마음이 편하기 때문입니다. 하지만 용서하기 위해서는 시간이 필요합니다. 상처가 아물 시간, 실컷 미워할 시간이 있어야 하지요. 실컷 미워해본 후에야 사람을 미워한다는 것이 얼마나 괴로운 일인지 알 수 있고, 지금까지와는 다른 관점에서 상처를 볼 수 있습니다. 미운 생각이 계속 들어 용서가 안 될 때는 스스로에게 이렇게 말하는 것이 도움이 됩니다.

"네가 백 번 잘못했지. 다시 생각해봐도 네가 잘못했어. 하지만 널 용서하겠어. 그렇다고 네가 잘했다는 건 아니야. 난 네 잘못을 용인할 수 없어. 하지만 널 용서해."

미움이나 분노는 독과 같아서 사람을 서서히 죽게 만듭니다. 그러니 나 자신을 위해 용서할 수밖에요.

어떤 신자가 신부에게 병자성사(사고나 중병, 고령으로 죽음에 임박한 신자가 받는 성사)를 청했습니다. 옆집에 노부부만 사는데 할아버지가 위중하니 와달라고 부탁한 것입니다. 신부가 얼른 가보니 할아버지는 가쁜 숨을 몰아쉬고, 그 곁을 지키는 할머니 역시 사색이 되어 있었습니다. 할아버지가 손짓으로 신부를 불렀습니다.

"나도 고해성사를 보고 싶은데, 마음속의 화가 영 풀리지 않으니 상담부터 해야겠어."

"그러시지요."

"이 할망구를 도저히 용서 못하겠어."

할아버지의 이야기를 신부는 조용히 들었습니다.

할아버지와 할머니는 슬하에 아늘이 일곱 명을 두었습니다. 그런데 이상하게 막내아들만 할아버지를 닮지 않았습니다. '마누라가 바람을 피웠구나' 하는 생각이 머릿속에서 떠나지 않아 무려 30년 동안 일도 제대로 못하고 술로 세월을 보냈습니다.

그렇게 노년을 맞은 어느 날, 할아버지는 이제는 진실을 알아야겠다 싶어 할머니를 불렀습니다.

"할멈, 그동안 나 때문에 힘들었지? 당신이 무슨 말을 해도 내가 다 용서해줄 테니까 걱정하지 말고 묻는 말에 솔직히 대답해야 혀. 우리 막내 녀석, 내 아들 아니지? 그 녀석은 누구 아들이야? 솔직히 말하면 내가 다 용서해줄게."

할머니는 잠시 머뭇거리더니 입을 열었습니다.

"정말 다 용서해줄 텨?"

"그렇다니까."

"솔직히 말하면……. 막내는 당신 아들 맞네. 그런데…….."

"그런데?"

"나머지 여섯은 당신 아들이 아녀. 애비가 다 달라"

이 말을 듣자마자 할아버지는 자리에 누워 식음을 전폐하고, 결국 임종을 맞게 되었다는 이야기입니다.

미움과 분노는 우리에게 치명적인 손해를 안겨줍니다. 해결되지 않은 분노는 우리 마음속에 쓰레기더미를 쌓아서 폭탄 맞은 폐허처럼, 더러운 쓰레기하치장처럼 만들어버립니다. 이 쓰레기더미를 치우는 작업이 바로 용서입니다. 미워하되 종국에는

용서해야 내 마음이 편해지고, 비로소 살 수 있는 것이지요.

용서에도 이기적인 동기 부여가 필요합니다. 대부분 사람은 자신한테 이로우면 마음이 동하고, 남는 게 없다 싶으면 마음 내켜 하지 않습니다. 이 점을 이용해, 용서의 손익계산서를 맞춰보는 것이지요.

내가 누군가를 미워할 때 마음이 자유로운가요? 그렇지 않지요. 미움은 마음속에 감옥을 만들고, 영혼을 그곳에 가두어버립니다. 분노하면 그 시점에서 내적 성장이 멈추어버립니다. 또 누군가에 대해 분노하고 있을 때 창조적인 활동도 하지 못합니다. 그러니 용서하지 않으면 손해, 용서하면 이익이지요.

66

용서는 상대방의 죄를 용인하는 것이 아니라
그의 죄를 인정하나 그를 미워하지 않는 것입니다.
용서한다는 것은 매우 어렵지만
미워하는 것보다는 행복합니다.

99

혼자 고물고물
잘 놀아야 대접 받아

．
．
．
．

최후의 심판 날, 하느님께서 사람들에게 물으셨습니다.

"네 인생에서 어떤 보람을 찾았는가?"

"저는 자식 키우는 보람으로 살았습니다."

"그래 너는 천당 보육원을 담당하도록 해라."

"저는 논 버는 보람.〃

"너는 천당 재무 담당."

"저는 몸짱 되는 보람."

"너는 천당 문 열고 닫는 문지기."

"저는 이름만 김보람이지, 보람 없는 인생이었습니다."

"잘못 왔구나. 너는 노숙자센터로 가라."

"저는 평생 경로당 화투로 노인들 즐겁게 해주는 보람으로 살았습니다."

하느님께서는 반색을 하셨습니다.

"너는 내 비서실장이 되어라."

옆에 있던 베드로 사도가 못마땅한 얼굴로 말했습니다.

"평생 화투판만 전전한 사람을 비서실장이라는 중책에 앉히시다니요."

"네가 뭘 몰라도 한참 모르는구나. 화투판은 자기 수련의 장이다. 돈 잃고 아깝지 않은 사람이 어디 있느냐. 화투 치는 그 짧은 시간에 인생의 희로애락을 다 맛볼 수 있다. 그렇게 여러 가지 감정을 느끼면서 집착에서 조금씩 멀어지는 것이니라. 또 화투는 노인병 예방에 아주 좋다. 화투 치는 할머니들 얼굴을 본 적 있느냐? 무표정하게 경직돼 있던 얼굴이 활짝 피어난다. 그게 바로 화투의 심리치료 현장이다. 열두 달의 오묘한 조합으로 수리적 묘기를 부리는 화투를 우습게보면 안 된다. 흠흠."

저도 가끔 어머니와 화투를 쳐드리는데 평소와 다르게 어린아이 같은 감정을 표현하는 어머니를 보고 놀라고는 합니다. 화투놀이는 가장 싼값에 노인병을 치료할 수 있는 방법이라는 생각이 들 정도입니다.

화투는 고물고물한 인생을 살아가는 데 좋은 도구입니다. 엄마가 일하는데 어린아이가 보채지 않고 혼자 잘 놀면 고물고물 잘 논다고 하지요. 그런 아이들은 순하다는 소리를 듣고 엄마도 아이로 인한 스트레스를 덜 받습니다.

나이 든 사람도 마찬가지여서 혼자서도 무언가 고물고물 잘 놀아야 합니다. 식구들이 늦게 들어오든 말든, 자식이 찾아오든 말든 자신의 시간을 즐기며 살 수 있어야 합니다.

아들이 제 아내와 아이들만 데리고 놀러나가도 "내 걱정 말고 잘들 다녀와" 하고는 혼자 잘 놀 수 있어야 합니다. 식구들 걱정하게 만들지 않고, 식구들 붙들고 징징대지 않는 이런 노인들을 두고 곱게 늙었다고 하지요.

하지만 우리 주위에는 곱게 늙은 노인보다 짜증을 내는 노인이 더 많은 것 같습니다. 특히 "나 하나 죽으면 되지", "내가 빨리 죽어야지" 하며 매일 우는 소리를 하는 노인들이 있습니다. 병원에 입원해 있는 노인들 가운데 많지요. 툭 하면 밥을 먹지 않고, 병원

: 화나면 화내고 힘들 땐 쉬어

비가 많이 들어 걱정이라면 눈물로 하루를 보내기도 합니다. 실제로 이런 이들은 빨리 죽지 않지요.

나이를 먹을수록 고물고물 살기가 쉽지 않습니다. 고물고물 노는 것도 젊은 시절부터 익혀야지 나이 들어 갑자기 시작하려면 잘 안 됩니다. 그러니 젊었을 때부터 인생을 바쁘고 재미있게 살기 바랍니다. 지루하고 재미없게 살면 인생만 꼬이니까요.

66

나이 들이시 혼자 실기란 쉽지 잃습니다.
그렇다고 자식들만 바라보고 살 수는 없습니다.
젊었을 때부터 친구들과 노는 법, 사람들과 어울리는
법을 익혀야 합니다. 그래야 노년이 즐겁습니다.

99

'잘 죽었다'
소리 안 들으려면

:

천당 문을 지킨 지도 꽤 되었는지라 베드로 사도는 슬슬 지루해지기 시작했습니다. 게다가 천당에는 한결같이 착하고 재미없고 고지식한 사람들만 들어오니 누구 하나 말 붙일 사람도 없었습니다. 그날도 베드로 사도는 천당 문 앞 의자에 걸터앉아 하품을 하다 졸다를 반복하며 중얼거리고 있었습니다.

'2000년을 하다보니 이 짓도 이제는 못해먹겠다.'

그때 문밖에서 시끄러운 소리가 났습니다. 무슨 일인가 싶어 내다보니 한눈에 보기에도 큰 부상을 당한 사람 몇 명이 서 있고, 저승사자가 그들을 천당 안으로 들여보내기 위해 등을 떠밀고 있었습니다.

"안 들어간다니까 왜 자꾸 등을 떠밀고 그래요?"

의아하게 여긴 베드로 사도가 물었습니다.

"다들 천당에 못 들어와서 안달인데 너희는 왜 그러고 서 있느냐? 심지어 저승사자를 돈으로 매수하거나 개구멍을 찾아 기어 들어오거나 담을 넘어 오는 놈들도 있는데 너희들은 대체 누구냐?"

베드로 사도의 물음에 제일 젊은 사람이 나서서 대답했습니다.

"저희는요 시골 사는 사람들입니더. 69번 버스를 타고 시내 가던 길에 교통사고로 고마 죽었십니더. 이렇게 일찍 천당에 들어갈 수는 없다 아입니까. 억울합니더."

"뭐가 그리 억울하냐? 교통사고로 죽은 사람이 어디 한둘이란 말이냐."

이번에도 젊은 사람이 대답했습니다.

"지는요, 내일 결혼식을 올리기로 되어 있다 아입니꺼. 근데 오늘 죽이시 총각귀신이 되있으니 이저럼 억울한 일이 어니 있겠십니꺼?"

중년 아주머니도 질세라 말했습니다.

"지도 억울합니더. 깜빡 졸다 고마 한 정거장 더 가는 바람에 죽었다 아입니까."

이번에는 중년 아저씨가 나섰습니다.

"지는 버스가 떠날라 카는 걸 억지로 붙잡아 탔다가 죽었십니더."

마지막으로 치매에 걸린 노인이 말했습니다.

"지가 제일 억울합니더. 택시 탔구마, 알고 보이 버스 아인교."

사연을 듣고 난 베드로 사도는 잠시 생각한 후 말했습니다.

"그렇다면 너희들의 죽음에 대해 가족들이 어떻게 생각하는지 먼저 알아봐야겠다. 그런 다음 다시 세상에 돌려보낼지 여부를 결정하겠다. 내일 보자."

다음날, 베드로 사도는 네 사람을 불러들였습니다.

"총각, 너는 집안에서 반대하는 처자랑 결혼하려고 했다면서? 식구들이 잘 죽었다 카든데. 아지매, 매일 밤새도록 화투 치느라 피곤해서 졸다 죽은 거니 돌려보내지 말라고 아지매 남편이 그러데. 중년 아저씨, 이장 돈 떼먹고 도망가다 죽었다메? 식구들이랑 동네 사람들이랑 다 잘 죽었다 카더만. 제일 나이 많은 어르신, 치매 때문에 아무 데나 용변 봐서 식구들이 힘들었는데, 버스회사에서 준 보상비 남기고 돌아가셔서 고맙다고들 하는데 어떡하요."

"……."

"말하고 보니 착하지도 않은 사람들이네. 저승사자, 어찌된 일인가?"

저승사자가 머리를 긁적이며 기어들어가는 목소리로 말했습니다.

"제가 요즘 시력이 너무 안 좋아져서요……. 96번 버스 승객들을 데려와야 하는데 그만 69번 버스 승객을……."

"안경 하나 맞춰주랴? 쯧쯧. 헌데 이 사람들을 어쩐다? 다시 세상에 돌려보낼 수도 없고, 기왕에 천당으로 데려왔으니 지옥으로 보낼 수도 없고, 흠. 저승사자, 네가 이 옆에 조립식 건물 하나 지어놓고 쟤네들 데리고 살아라."

이렇게 해서 천당 옆에는 '애통당'이 생겼습니다. 잘못 불려온 네 명이 밤마다 "에고, 에고, 내 팔자야" 하고 울어대서 천당 주민들이 그 조립식 건물에 '애절하게 통곡하는 집, 애통당'이라고 이름을 붙여주었다는 애통한 이야기입니다.

죽는다는 말만 들어도 펄쩍 뛰는 이들이 많습니다만, 사람이 평생 어떻게 살았는가 하는 것은 죽을 때 모양새를 보면 대충 짐작이 갑니다. 신부들은 상갓집에 자주 갑니다. 초상집인지 잔칫집인지 구분이 안 갈 정도로 조문객이 많고, 분위기가 따뜻한 집에 가보면 돌아가신 분의 얼굴이 잠자는 듯 곱고 편안합니다. 반면 입구에서부터 싸한 기운이 도는 상갓집은 사람도 별로 없는데다 돌아가신 분의 모습도 험합니다.

제 기억 속에 가장 곱게 선종하신 분이 있습니다. 봉성체(병자인 교우 또는 미사에 참례하여 성체를 영할 수 없는 처지의 신자에게 사제가 성체를 모셔가 영하여 주는 일)를 위해 찾아가면 늘 단정한 모습으로 맞아주시던 할머니인데, 당신 아픈 것보다 찾아온 손님 걱정을 더 하던 분이었지요. 그분은 정말 주무시는 듯이 곱고 편안하게 돌아가셨습니다.

반면 제 동창 신부는 전혀 다른 경험을 했습니다. 상갓집에 갔는데 어찌나 험하게 돌아가셨는지 가족들도 무서워 방에 들어가지 못하고 있더랍니다. 가족들이 갑자기 등을 떠밀어 방에 들여보내 놓고는 죽은 이의 눈을 감겨달라 하기에 할 수 없이 혼자 방에 들어가 눈을 감겨주었답니다. 그런데 죽은 이의 모습이 얼마나 험했던지 무서워서 일주일 동안 잠도 이루지 못했다고 합니다.

그렇다면 어떻게 해야 험하지 않게, 모양새 있게 죽을 수 있을까요?

임종이 가까워졌을 때 어떤 이는 그동안 못 만났던 사람들을 모두 만납니다. 용서를 청하고, 화해하고, 가진 것을 나누고 편안한 얼굴로 이 세상을 떠납니다.

하지만 어떤 이는 죽는 것이 억울해서 식구들을 원망하고, 간병하는 이를 괴롭히고, 주위 사람들을 짜증나게 합니다. 그래서 죽은 후에 주위 사람들로 하여금 서운하고 슬픈 생각도 들지 않게 합니다. 그런 모습을 보면 대개 사람들은 다들 '저렇게는 살지 말아야지' 하고 생각합니다. 하지만 편안하게 세상을 떠나는 일이 그리 쉽지는 않지요.

선종은 평생 자신의 삶을 다듬고 또 다듬은 사람만이 얻을 수 있습니다. 잘 살아야 잘 죽는다는 뜻입니다.

또 죽음에 가까워졌을 때 자신이 죽는다는 사실을 인정하고 수용할 수 있어야 합니다. 누구나 처음에는 자신이 죽는다는 사실을 부정하고, 억울해하고, 분노하고, 우울해합니다. 하지만 결국은 죽음을 받아들여야 합니다. 그럴 때 마음의 평화를 회복하고, 편안하게 임종할 수 있습니다. 이 단계를 '최후의 성장기'라고 부릅니다. 이 단계까지 가면 편안한 모습으로 신종할 수 있습니다.

식구들까지 무서워할 만큼 험한 모습으로 죽지 않으려면 '그놈 참 잘 죽었다' 소리 듣지 않으려면 지금부터 차근차근 대비해두어야 합니다. 그러기 위해서는 하루하루를 제대로 살아야 합니다. 그보다 더 좋은 방법은 없습니다.

66

아름다운 죽음은 아름다운 삶에서 나옵니다.
죽었을 때 "죽었다니 거 시원하네"라는
소리 안 나오게 사는 것이 잘 사는 법입니다.

99

신앙생활 잘 하려면
내 삶부터 가꿔야

· · · ·

어느 날 저녁 미사 시간이었습니다. 공교롭게도 몇 년씩이나 냉담하던 신자 세 명이 한꺼번에 미사 참례를 했습니다. 본당신부는 세 사람이 들으라고 돈 밝히고 세속적이고 성당을 멀리하는 자는 절대로 구원을 얻지 못한다고 열띤 강론을 했습니다.

그렇게 침을 튀겨가며 고래고래 소리 지르던 본당신부는 어느 순간 '어이쿠' 하고 쓰러지고 말았습니다. 고혈압인 사람이 열을 내자 혈관이 터져버린 것입니다. 그날 밤 본당신부는 소생하지 못했습니다. 신자들은 평소 철저하고 엄격하게 살다가 미사 중에 돌아가셨으니 성인품(교회가 시성식을 통해 성인으로 확정한 지위)에 올리는 신청을 해야 한다고 시끄러웠습니다.

한편 냉담했던 신자 세 명은 "우리 때문에 신부님이 돌아가셨어" 하고 가슴을 치며 통곡하다가 심장마비로 죽고 말았습니다. 앞서거니 뒤서거니 죽은 네 사람은 천당에 들어가기 전 하느님과 면담을 가졌습니다. 신자1이 말했습니다.

"하느님, 저는 참으로 죄인입니다. 그동안 먹고사는 게 너무 힘이 들어서 성당에 나갈 엄두도 못 내고 성경책을 볼 여유도 없었습니다. 돈 버는 데만 정신이 팔려서 새벽이면 장사 나가고 한밤중에 들어오면 잠자기에 바빴습니다."

"먹고살려고 애쓴 건데 어떻게 하냐. 몸도 약한 네가 식구들 부양하느라 노력한 것만 해도 가상하다. 앞으로는 천당에서 아무 일도 하지 말고 푹 쉬면서 취미생활이나 해라."

신자2도 말했습니다.

"저는 저 사람처럼 먹고살기 바쁘지는 않았는데 머릿속에 오만가지 잡생각이 들끓어서 도무지 하느님 앞에 서기가 죄송했습니다. 그래서 미사 참례도 못했습니다."

"그랬구나. 그런데 그건 네가 믿음이 약해서가 아니라 심리적으로 허약해서이니 어쩌겠느냐. 너는 천당에서 심리치료를 받도록 해라."

신자3이 마지막으로 말했습니다.

"저는 두 사람보다 조건이 훨씬 좋습니다. 그런데도 미사 시간에 강론만 들으면 짜증이 나고 어떤 때는 강론하는 신부님한테까지 화가 나서 도무지 성당에 있을 수가 없었습니다. 그래서 냉담하였습니다."

"너만 그런 게 아니라 나도 그 강론 들을 때마다 짜증이 나서 애먹었느니라. 너는 이제 음악 감상이나 하며 살아라."

그러자 신부가 화가 나서 소리쳤습니다.

"하느님, 저는 매사에 감사하고 매일 기도하고 죄라고는 터럭만큼도 짓지 않으려고 노력한 사람입니다. 그리고 저들은 오랫동안 냉담했던 인간 들입니다. 제가 돈에 눈먼 놈이랑, 머리가 좀 이상한 놈이랑, 강론 시간에 졸던 놈이랑 함께 천당에서 살아야 합니까?"

"너는 벌어 먹일 처자식도 없으면서 왜 강론 준비는 소홀히 해서 신자들을 졸게 만들었느냐? 또 애꿎은 신자들은 왜 야단쳐서 심장마비로 죽게 만들었느냐? 너 같은 놈은 절대로 천당에 못 들어온다."

그 신부는 또 혈압이 올라 쓰러져서 한 번 더 죽었다는 슬픈 이야기가 있습니다.

삶이 우선이지, 종교가 우선이 아닙니다. 또한 종교로 인해 힘들다면 그것은 잘못된 신앙입니다. 냉담도 신앙생활에 필요한 하나의 과정이고요.

'아무 문제가 없는' 아이들이 있습니다. 어디 아픈 데도 없고, 상실을 경험해본 적도 없고, 부모를 괴롭히지도 않는 아무 문제없는 아이.

그렇게 큰 아이가 정말 아무 문제 없이 행복하게 살 수 있을까요? 이런 아이들은 나중에 문제가 생겼을 때 힘겨워하고, 쉽게 좌절합니다.

반면 어렸을 때 심하게 아프거나 동생이 태어나 부모님의 사랑을 빼앗기는 등 상실감을 느껴본 아이들, 울고 떼를 쓰는 고집불통 아이들은 커서 시련이 왔을 때 잘 견뎌냅니다. 신앙생활도 마찬가지여서 때로 하느님을 의심하고, 반항도 해봐야 단단해집니다.

꼬박꼬박 성당에 나간다고 훌륭한 신자인 것도 아닙니다. 성당

에 나가지 못해도 신앙이 깊을 수 있고, 기도방이 아니어도 기도
는 할 수 있습니다.

목소리도 쩌렁쩌렁한 욕쟁이 할머니가 채소를 팔며 생계를 꾸려
나가고 있었습니다. 장을 보러 갔다가 할머니네 가게에 들르면 신
자들은 말하곤 했습니다.

"할머니, 돈만 벌지 말고 성당에 나와 기도도 하고 그러세요."

그럴 때마다 할머니는 호통을 치듯 대꾸했습니다.

"너희들이나 해, 이것들아. 난 매일매일 기도하고 살아."

신자들은 고개를 갸웃거리며 돌아갔지요.

하루는 한 신자가 우연히 할머니의 수상한 모습을 목격했습니다.
손님이 가고 나면 꼭 궤짝 밑을 보며 뭐라고 중얼거리는 것이었습
니다. 그 모습이 하도 궁금해서 슬쩍 궤짝 속을 들여다봤습니다.
그 안에는 놀랍게도 조그만 성모상이 있었습니다. 그동안 할머니
는 성모님께 줄곧 기도를 해오고 있었던 것입니다.

좋은 손님이 왔다 가면 궤짝 밑을 보며 말했습니다.

"성모님, 고마워요."

물건은 사지 않고 트집만 잡는 손님이 왔다 가도 할머니는 궤짝

밑을 보았습니다.

"에라이, 재수 없는 여편네. 가다가 다리몽둥이나 부러지게 해
주세요!"

이렇게 살아 있는 기도를 해서인지 할머니는 지금도 젊은 사람
못지않게 정정하고 에너지가 넘친다고 합니다.

삶이 우선이지 종교가 우선이 아닙니다.
종교로 인해 힘들다면 그것은 잘못된
신앙생활을 하고 있다는 명백한 증거입니다.

거룩한 성인에 대한 편견

· · · ·

어느 날 개신교 신자들이 단체로 천당에 입성해 예수님과 제자들로부터 성대한 환영을 받았습니다. 만찬 자리에서도 믿음이 강한 개신교 신자들은 하느님과 가까운 자리에 앉았습니다. 믿음이 오락가락하는 천주교 신자들은 먼 자리를 배정 받고, 불교 신자들은 아예 자리를 배정 받지 못해 바닥에서 식사를 해야 했습니다.

드디어 만찬이 시작되고, 배식은 성모님이 직접 하셨습니다. 그런데 성모님이 개신교 신자들에게는 멀건 국물만 조금 담아주시는 것이었습니다. 반면 천주교 신자들에게는 큼지막한 고기 건더기를 푸짐하게 담아주시고, 불교 신자들에게는 채소를 가득 담아주셨습니다.

성모님의 배식에 잔뜩 토라진 개신교 신자들은 하느님께 강력하게 항의했습니다. 하느님이 성모님께 항의를 전달했습니다. 그 말에 분기탱천하신 성모님은 이렇게 말씀하셨습니다.

"개신교 신자들은 평소 날 보고 고작 피조물일 뿐이라며 무시하더니 천당에 와서도 똑같다. 인사는커녕 '어이, 아줌마. 밥 줘' 하면서 싸가지 없이 구는데 어디가 예뻐서 고기를 주겠냐? 천당 실세가 누구인지 알 때까지는 앞으로 국물도 없다."

"그럼 불교 신자들은 왜 챙기십니까?"

"재들이 그러는데 내가 관세음보살인 줄 알고 열심히 불공을 드렸다고 하더라. 얼마나 기특하냐? 그런데 육식은 안 한다 하니 좋아하는 채소를 주는 거지."

그 후 천당에서 개신교 신자들은 국물도 못 얻어먹는다는 소문이 파다하게 퍼졌습니다. 그래서 천당에는 개신교 신자들에게 성모님의 교리와 묵주기도를 가르쳐주는 사설학원이 곳곳에서 성업 중이라는 이야기가 지금까지 전해 내려오고 있습니다.

가톨릭교회에서 마리아를 '성모', '거룩한 어머니'라고 부르는 것에 대해 강한 거부 반응을 보이는 이들이 있습니다. '거룩하다'는 말은 신에게만 사용해야 하는데 마리아는 피조물일 뿐이므로 사용해서는 안 된다는 것이지요. 이는 예수님이 이 세상에 나오기 위해 일시적으로 사용된 도구일 뿐 마리아는 예수님의 어머니가 될 수 없다는 주장이기도 합니다.

이런 주장의 배경에는 하느님을 인간으로부터 분리시키려는 의도가 있습니다. 또한 자신의 어머니에 대한 숨겨진 분노 같은 병적인 요소들이 이면에 깔려 있습니다.

교회의 잘못도 있습니다. 성모님에 대한 거부 반응에 민감하다는 것이지요. 그래서 오히려 신격화하는 작업 과정에서 성모님의 진짜 모습과 그 의미를 깨닫지 못하게 하는 어리석음을 범하고 있습니다.

성모님 같은 성인, 거룩한 사람에 대해서는 일반적으로 편견이 있습니다. 성인이란 세상으로부터 멀찍이 떨어서 있는 사람이고, 보통 사람들과는 전혀 다른 세계에 사는 사람이라는 편견이지요. 보통 사람들은 성인을 마치 외계인처럼 생각하는 경향이 있습니다. 이런 편견이 잘 드러나 있는 것이 성인들을 묘사한 그림입니다. 성인들의 눈은 언제나 하늘을 향해 있고, 머리에는 둥근 테가 둘러져 있습니다. 그들이 천상의 사람들이라는 상징이지요.

성인들은 정말 세상을 멀리하고 오로지 하느님만 생각하면서 하루 종일 기도만 하고 살았을까요? 그렇지 않습니다. 성모님과 예수님을 비롯한 수많은 성인이 세상의 한가운데에서 사람들과 더불어 살았습니다. 단지 하느님의 뜻대로 살기 위해 최선을 다한 것이 여타의 평범한 사람들과 달랐을 뿐입니다.

간혹 홀로 고고하게 기도에만 열중하는 신앙인들이 있습니다. 혹여 세속에 빠질까봐 사람들을 멀리하며 성덕을 추구합니다. 그리고 자신이야말로 성인의 삶을 본받고 있다고, 다른 사람들은 세속적인 삶을 자신은 경건한 삶을 살고 있다고 착각합니다. 남들이 "싸가지 없다"고 자신을 욕하는 것도 모르고 말입니다.

> 성모님을 비롯한 성인들을 늘 사람들과 함께했고,
> 세상 속에 계셨습니다.
> 건강한 신앙생활을 하려면 거룩하게가 아니라
> 즐겁고 신나게 사람들과 어울려 살아야 합니다.

사랑은 돌고 돌아

∴
∴
∴

지능이 낮은 아이들도 적절한 보살핌을 받으면 똑똑해질 수 있을까요?

1935년 미국의 지적장애인 시설에 두 살배기 아이 두 명이 들어왔습니다. 고아원에서 지낸 아이들인데 지적장애인 판정을 받아 옮겨진 것이지요. 지적장애인 시설이니 그곳 사람들은 모두 지능이 낮았고, 두 아이는 지능이 낮은 여인들의 방으로 들여보내졌습니다.

두 아이가 네 살이 되었을 때, 신기한 일이 벌어졌습니다. 2년 만에 정상적인 아이들의 수준으로 변한 것입니다. 깜짝 놀란 심리학자들이 원인 조사를 해보았지만 도무지 알 수 없었습니다. 함께 지낸 여인들이 두 아이를 참으로 예뻐했다는 사실밖에는.

심리학자들은 여인들의 애정 어린 보살핌이 두 아이에게 어떤 영향을 주었는지 확인하기 위해 실험을 했습니다. 고아원에서 사는 아이들 가운데 지능이 낮은 열세 명과 지능이 높은 열두 명이 대상이었습니다. 지능이 낮은 열세 명은 지적장애인 시설의 여인들과 같이 살게 했고, 지능이 좋은 열두 명은 그대로 고아원에 살게 했습니다.

20년 후, 이들 스물다섯 명의 삶을 추적해 보니 놀라운 결과가 나타났습니다. 고아원에 그대로 있었던 열두 명은 단순노동을 하거나 제대로 자립하지 못한 채 살고 있는 반면, 여인들로부터 사랑을 받고 자란 열세 명은 모두 전문직을 가지고 살고 있었습니다. 그 가운데 한 명은 경영학 석사 학위를 받았고, 케네디 재단에서 근무하고 있었습니다.

지능이 낮은 여인들이지만 그들은 아이들을 진심으로 사랑했고, 그 사랑으로 인해 아이들은 지능이 높았던 아이들보다 똑똑하게, 성공적인 인생을 살 수 있었습니다. 여인들 역시 아이들을 사랑함으로써 많은 것을 얻었을 테고요. 이것이 사랑의 힘입니다. 사랑의 위대한 힘에 대해서는 다들 동의합니다. 그런데 왜 우리는 다른 사람을 사랑해야 하는지에 대해서는 의문을 품습니다. 왜 그럴까요?

사람을 사랑하는 일과 하느님을 사랑하는 일 가운데 어느 쪽이 더 어렵냐고 물으면 많은 경우 사람을 사랑하는 경우를 꼽습니다. 하느님과의 사랑에서는 내가 주는 것보다 받는 것이 더 많지만, 사람과의 사랑은 내가 받는 것보다 주어야 할 것이 더 많기 때문입니다.

그러나 다른 사람을 사랑하는 일이 내게 도움이 안 된다는 생각이 들고 그래서 어렵다고 해도 사랑해야 합니다. 사람은 홀로 살 수 없기 때문입니다. 사람과 부대끼며 교류하고 사랑할 때, 외로움으로 삶이 피폐해지지 않습니다.

사람을 사랑하지 못하면 사람이 아닌 것들과 병적인 관계를 맺게 됩니다. 음식이나 약물, 알코올 등 유해한 것들과 사랑에 빠지는 것이지요.

사랑을 하지 않으면 결국 손해 보는 것은 나 자신입니다. 극단적인 예를 들면, 어떤 가정에서 "내 마누라 내가 때리는데 뭐가 잘

못이냐?" 하고 남편이 부인을 때린다면, 아내는 누구를 때리겠습니까? 바로 아이를 때립니다. 그리고 아이는 개를 때립니다. 개는 지나가는 남의 집 아이를 물어버립니다. 아이의 부모가 찾아와서 치료비를 물어내라고 요구합니다. 결국 폭력을 시작한 사람이 손해를 봅니다.

이슬람 세계와 미국의 전쟁은 폭력의 악순환을 부르고 있습니다. 우리가 외국인 노동자들을 가혹하게 대하기 때문에 필리핀 공항에서 우리나라 여행객들이 현지인들에게 폭행을 당하는 일까지 있었습니다.

어느 베테랑 형사는 살인 사건 현장에 가면 숨이 끊어진 피해자를 보고 이렇게 말한다고 합니다.

"범인은 바로 당신이오."

귀한 생명을 박탈당한 피해자한테 왜 그런 말을 할까요? 그렇지 않은 경우가 더 많겠으나 피해자가 살인을 불러일으키는 행동을 했을 가능성이 높기 때문이라는 것이지요.

몇 해 전 일어난 살인 사건도 바로 그런 경우였습니다. 폭력적인 피해자가 평소 소심하고, 마음 여린 가해자의 머리를 톡톡 건드리며 도발했던 것입니다.

"날 죽이고 싶지? 죽여봐, 죽여봐. 왜 못 죽여? 겁쟁이 새끼. 죽여보라니까."

그 말에 결국 분을 참지 못하고 가해자는 흉기를 휘둘렀습니다. 이런 끔찍한 이야기를 하는 까닭은 다른 사람의 마음에 한이 맺히게 해서는 안 된다는 점을 말하고 싶어서입니다. 그 한은 결국 자신에게 해가 되어 돌아옵니다.

이런 한을 만들지 않기 위해서는 다른 사람을 사랑해야 합니다. 우리가 사는 세상은 그리 넓지 않습니다. 더욱이 한국 같이 좁은 나라에서는 한 다리만 건너면 다 아는 사람인데, 다른 사람에게 한을 맺히게 하는 것은 자살행위나 마찬가지입니다. 그러니 사랑을 베풀면서 마음도 성장하시고, 다른 사람들로부터 많은 사랑 받으시기 바랍니다.

"

평화롭고 살기 좋은 세상은 거져 오는 것이 아닙니다.
서로 사랑을 나눌 때
비로소 이루어지는 것이기 때문입니다.

,,

사랑의 실천이
어렵다면

판공성사(신자들이 1년에 두 번 의무적으로 받아야 하는 고해성사) 때는 신부나 신자들이나 다 스트레스를 받습니다. 신자들은 기나 긴 줄을 서야 해서 지겹고 신부들은 고만고만하게 비슷한 죄 고백을 두세 시간 동안 듣는 일이 힘겹습니다. 그래서인지 가끔 엉뚱한 일이 벌어지기도 합니다. 고해소 앞의 줄이 길어지다보니 새치기하는 사람이 생기고, 멱살잡이까지 일어나 고해성사를 보러 왔다가 죄만 더 짓고 가는 일도 종종 일어납니다. 신부들은 성사 중에 깜빡 잠이 들기도 하고요.

명동성당 보좌신부로 있었을 때 일입니다. 명동성당은 유독 고해성사를 보는 이들이 많은 곳이지요. 오후에 두 시간쯤 고해성사를 듣다보니 졸다 깨다 하는 상태였는데, 고해소 안이 문득 조용해졌습니다. 신자들이 모두 고해성사를 보고 돌아가는 모양이었습니다. 이제 쉬어야지, 하고 문을 열고 나오니 밖에는 여전히 신자들이 길게 줄을 서 있었습니다. 고해소 안에 아직 사람이 있었던 것이지요.

고해소 안으로 다시 들어와 자리에 앉았습니다. 하지만 기다려도 아무 말 없이 조용하기만 했습니다. 도대체 누구길래 아무 말도 하지 않고 있는지 궁금해서 성사표를 내는 구멍으로 살짝 들여다보았습니다. 그런데 누군가가 그 구멍으로 이쪽을 보고 있는 것입니다. 깜짝 놀라서 물었지요.

"뉘시오?"

"당신은 뉘시오?"

"나는 신부인데 댁은 뉘시오? 신사요?"

"아니오."

"신자도 아닌데 여긴 왜 들어왔소?"

"사람들이 길게 줄을 지어 있기에 뭐 주는 줄 알고 서 있다가 들어왔소."

그 말에 뒤집어지게 웃었던 기억이 납니다.

신부들이 가장 힘든 업무로 꼽는 것이 고해성사입니다. 듣는 일이 어렵고 고되기 때문입니다. 전화 봉사를 하는 어떤 자매가 말하더군요.

"다른 사람 이야기를 한 시간만 들으면 기운이 다 빠지고 머리가 깨질 듯이 아파요."

그 말을 들은 다른 자매는 동의할 수 없다는 얼굴로 말했지요.

"나는 몇 시간씩 몸으로 일하는 봉사를 해도 괜찮은데, 전화로 이야기만 들어주는 게 그렇게 힘이 드나요? 자매님 몸이 무척 약한 것 같아 걱정입니다."

몸으로 일하는 것과 들어주는 것, 어느 쪽이 더 힘들까요? 전화야 가만히 앉아서 이야기만 들으면 되는데 힘들 게 뭐 있냐고 하는 이들이 대부분입니다. 하지만 그렇지 않습니다. 듣기가 몸으로 일하기보다 훨씬 더 힘이 듭니다. 내가 말하는 것은 쉬워도 다른 사람의 말을 듣기는 어렵습니다. 게다가 몸으로 하는 일과 듣는 일은 신경을 쓰는 정도가 다릅니다. 몸으로 하는 봉사는 마음의 힘을 쓸 일 없이 그저 나만 잘하면 됩니다.

하지만 들어주는 일은 상대방의 마음을 읽고 공감해주는 일입니다. 참으로 신경이 쓰이고 마음과 육신의 힘을 동시에 써야 하는 일이죠. 특별히 재미있지도 않고, 나와 관계된 이야기도 아닌 다른 사람의 고민과 푸념, 하소연을 듣는 데는 상당한 인내와 체력이 요구됩니다.

그래서 상담가들은 내담자의 이야기를 한 시간 이상은 듣지 않습니다. 상담을 하다가 시간이 되었다 싶으면 이야기를 정리합니다. 그렇게 하지 않으면 체력이 견디질 못합니다. 저도 상담을 하다보면 몸이 피곤하고 머리에는 쥐가 납니다. 그래서 산에 가서 머리를 털고 내려와야 합니다.

남의 이야기를 잘 들어주는 일은 봉사 중에서도 가장 큰 봉사이고, 가장 중요한 사랑의 실천입니다. '사랑은 잘 듣는 것'이라 해도 지나치지 않지요. 상대방에 대한 깊은 이해를 사랑이라고 할 수 있습니다.

사랑을 실천하려 해도 영 사랑하는 마음이 생기지 않아서 고민이라면, 어떻게 사랑해야 할지 모르겠다면, 이야기를 잘 들어주십시오.

사랑하는 감정이 없어도 우리는 사랑을 실천할 수 있습니다. 에

로스적인 사랑, 즉 이성에 대한 사랑에서는 감정이 중요합니다. 만약 누군가와 연애를 하는데 아무 감정도 들지 않는다면 문제가 아닐 수 없지요. 그러나 신앙인의 차원에서 사랑할 때는 감정이 큰 문제가 되지 않습니다.

애지중지하는 강아지가 병이 들었습니다. 주인은 가슴이 아프고 안타깝고 불쌍합니다. 그래서 하염없이 눈물만 흘립니다. 반면 개를 좋아하지 않는 사람이 있습니다. 자신이 키우는 강아지도 아닙니다. 하지만 강아지의 병을 고쳐줍니다. 어느 쪽이 진짜 사랑일까요?

상대방이 가진 문제를 이해하고 치료해줄 방법을 찾는 것이 더 깊은 차원의 사랑입니다. 그러기 위해서는 무엇보다 잘 들어야 합니다.

66

진짜 사랑이란 다른 사람의 마음을 가만가만
들어주는 일에서 시작됩니다.

99

평범한 우리도
할 수 있는 사랑법

．
．
．

어느 수도원에서 새로 수도자를 뽑기로 했습니다. 면접시험은 '사랑이란 무엇인가?'에 대한 지원자들의 대답을 듣는 방식으로 진행되었습니다. 원장 수사가 묻고, 첫 번째 지원자가 대답했습니다.

"사랑이란 이웃의 행복을 위해 내 모든 것을 내어놓아야 하는 것이라고 생각합니다."

그러나 원장 수사는 듣는 둥 마는 둥이었습니다.

"저는 그동안 그렇게 살아왔다고 자부합니다."

원장 수사는 여전히 지원자의 시계만 보고 있었습니다.

"그 시계는 얼마짜리냐?"

"예?"

"그거 나 줄 수 있겠느냐?"

"안 되는데요."

"이웃의 행복을 위해 모든 걸 다 내놓는다고 했잖아! 짜샤, 왜 거짓말을 해? 탈락!"

두 번째 지원자가 들어왔습니다.

"저는 사랑이란 남의 아픔을 제 아픔처럼 여겨야 한다고 생각합니다. 그것이 사랑입니다."

그러자 원장 수사는 갑자기 자신의 머리를 마구 때리기 시작했습니다. 갑작스러운 상황에 당황한 지원자가 '저 사람이 미쳤나?' 하고 생각하는데 원장 수사가 물었습니다.

"지금 누구 머리가 아프냐? 내 머리냐? 네 머리냐?"

"당연히 수사님 머리이지요."

"그럼 내 머리가 아픈 게 느껴지냐, 안 느껴지냐?"

"수사님 머리통이 아픈 걸 제가 어떻게 느낍니까?"

"그러면서 남의 고통을 자기 고통처럼 여기겠다고? 그거 거짓말 아니냐? 너도 탈락!"

사랑이란 무엇일까요? 가진 것 모두를 내어놓는 것도, 남의 아픔을 제 것처럼 여기는 것도 물론 사랑이지만 현실적으로 실천하기는 어렵습니다. 불교가 자비의 종교라면 그리스도교는 사랑의 종교입니다. 그리스도교 안에서도 개신교는 믿음을 강조하는 반면 가톨릭교회는 사랑을 강조하는 경향이 있습니다. 그래서 가톨릭교회의 강론이나 강의에서는 입이 닳도록 사랑타령을 합니다. 그러나 막상 사랑을 실천하고자 하면 갑자기 막막하고 부담스러워집니다. 왠지 큰 비용과 노력을 들여 무언가를 주어야 할 것 같기 때문입니다. 이런 부담감에는 매스컴이 미친 영향도 큽니다. 마더 테레사의 이야기나 〈울지 마, 톤즈〉의 이태석 신부 이야기, 평생 희생과 선행의 삶을 산 사람들의 이야기를 접하다보니 사랑을 실천할 엄두가 나지 않는 것이지요.

하지만 우리같이 평범한 사람들도 얼마든지 사랑할 수 있습니다. 모두가 마더 테레사처럼 빈민촌에 들어가 살 수 없고, 이태석 신부처럼 아프리카에 가서 봉사할 수도 없습니다. 큰 항아리가 있고 작은 항아리가 있고 간장 종지도 있듯이, 사람의 그릇은 다 다르고 가야 할 길도 다릅니다. 그러니 사랑에서조차 위축되거나 자기 비하를 할 필요는 없습니다.

그렇다면 우리가 할 수 있는 사랑은 무엇일까요? 바로 '잔정 주기'입니다. 국어사전에 의하면 잔정이란 '자상하고 자잘한 정'입니다. 한마디로 작은 크기의 사랑이지요. 크기는 작지만 무시할 수 없는 힘이 있어 관계에 깊은 친밀감을 형성해줍니다.

신부들이 신자들에게 어떤 신부가 가장 기억에 남는지 묻는 설문지를 돌렸습니다. 신자들의 가슴속에 남아 있는 신부는 강론을 잘하는 신부도, 잘생긴 신부도, 능력 있는 신부도 아니었습니다. 잔정이 많은 신부였습니다.

부모와 자녀 관계도 마찬가지입니다. 능력 있고 부유한 부모이지만 자녀와의 관계가 좋지 않은 경우가 있는 반면 평범하지만 화목한 가정이 있는 것은 바로 잔정 때문이지요. 그래서 정치인들은 선거철만 되면 재래시장을 찾아다니면서 알지도 못하는 사람들에게 악수를 청하며 손을 내미는 것입니다.

그렇다면 우리는 왜 잔정에 약한 것일까요? '쩨쩨한 뇌' 때문입니다. 뇌는 최소한의 에너지로 효율적으로 일하고 싶어 하기 때문에 자신에게 중요한 것, 자신과 관련된 것에만 집중합니다. 가는 귀 먹은 사람도 누군가 자기 이야기를 하면 아무리 시끄러운 곳에서도 귀신 같이 듣지요.

또 쩨쩨한 뇌는 내 생각과 다른 정보는 일부러 배제하거나 이해하지 못합니다. 잔정의 효과도 같은 맥락입니다. 아무리 잘나고 훌륭한 사람도 나한테 밥 한 번 사준 사람보다는 못하지요.

이렇게 잔정은 잔다랗고 소소한 사랑이지만 알토란 같은 행위입니다. 이런 잔정이 쌓여 인생은 살만 하다고 느끼게 됩니다. 그러니 일상생활에서 작은 정 많이 나누며 사랑하고 사시기 바랍니다.

66

행복의 조건 중 하나는 좋은 친구가 많은 것입니다.
걱정을 털어놓을 수 있고, 함께 기쁨을 니눌 수 있는
친구가 있을 때 행복감을 더 느끼기 때문입니다.
이런 친구는 대단한 재력이 아닌
소소한 정을 나누면서 키우는 것입니다.

99

돈아, 돈아, 돈아

······

   천당에 들어올 수 있는지를 심사하는 자리에 학처럼 고고한 자태를 뽐내는 한 남자가 들어왔습니다. 그리고 하느님께서 질문을 시작하셨습니다.

   "그래, 너는 죽기 전에 어떻게 살았는고?"

   "저는 세속을 멀리하며 오로지 신앙생활에만 전력하며 살았습니다."

   "직업은 뭐였느냐?"

   "신앙생활만 했다고 말씀드리지 않았습니까. 저는 평생 돈을 멀리하며 살았습니다."

"그래서 직업이 없었느냐?"

"예. 돈을 벌지 않았습니다. 하느님께서도 하느님과 재물을 함께 섬길 수는 없다고 하시지 않았습니까. 부자가 천국에 들어가는 것은 낙타가 바늘구멍에 들어가는 것보다 어렵다고도 하셨고요."

"쯧쯧 말귀도 못 알아듣는 놈. 그럼 뭐 먹고 살았느냐?"

"밥 먹고 살았지요."

"그 밥은 어디서 났느냐?"

"돌아가실 때까지 부모님을 모시고 살았는데, 두 분이 계속 일을 하셨습니다."

"모시고 산 게 아니라 얹혀살았구먼. 그래 부모님은 무슨 일을 하셨는고?"

"어머니는 식당에서 일을 하시고, 아버지는 아파트 경비 일을 하셨습니다. 나중에는 파지를 모아 파셨고요."

"난 또 네 부모가 갑부나 되는 줄 알았나. 에라, 이놈아 넌 지옥행이다."

그래서 학처럼 고고한 자태를 뽐내던 남자는 지옥으로 가게 되었는데, 가지 않겠다고 어찌나 난리를 치는지 까마귀 떼가 울부짖는 것 같았습니다. 지금도 그 남자는 지옥에서 울며불며 천당에 보내

달라고 떼를 쓰는 통에 하루도 조용한 날이 없다는 이야기입니다.

　하느님과 재물을 함께 섬길 수는 없다는 하느님의 말씀은 신자들의 마음을 혼란스럽게 합니다. 더구나 고지식한 이들은 이 말씀을 액면 그대로 받아들여 돈을 벌려고 하는 것은 하느님을 저버리는 행위라고까지 생각합니다. 성직자 가운데는 부자가 되려는 꿈을 갖는 것은 탐욕이며, 하느님을 버리는 행위라고 신도들에게 말하기도 합니다. 정말 하느님께서 그런 의미로 한 말씀일까요?

　그렇지 않습니다. 초기 교회 때부터 지금까지 탐욕은 돈과 연관되어 생각되어왔습니다. 그래서 장사하는 이들은 사회적으로 인정을 받지 못했습니다. 돈은 세속적인 것이며, 심지어 더러운 것이라는 편견까지 생겨 다른 사람에게 돈을 줄 때 흰 봉투에 넣어서 준다든지 아예 돈을 만지려고도 하지 않는 사람도 있었습니다. 이런 사회적인 분위기 속에서 돈을 멀리하면 영성이 깊은 사람이고, 돈을 가까이 하면 마음이 세속에 찌든 사람이라는 이분법적인 판단도 나타났습니다.

　그러나 돈을 싫어하는 사람이 있을까요? 돈은 윤리의 문제가 아니라 생존의 문제입니다. 특히 현대 자본주의 사회에서는 더더욱 필요한 것입니다. 돈을 벌지 않고 살려면 다른 사람에게 의존하거나 주위의 도움을 받아 살아갈 수밖에 없습니다. 그러면서 자신은 돈에 관심이 없고, 세속에 물들지 않은 채 고고하게 살아간다고 말할 수 있을까요?

가능하면 스스로 돈을 벌어 초라한 삶을 살지 않고, 때로는 주위 사람들에게 베풀면서 사는 게 훨씬 바람직하지 않을까요?

그런데 하느님께서는 왜 돈, 재물의 가치를 인정하지 않는 듯한 말씀을 하셨을까요? 하느님의 말씀은 돈을 벌지 말라는 것이 아니라 돈을 버는 목적을 잘 생각하라는 뜻입니다.

자신이 번 돈에 만족하는 사람은 그리 많지 않습니다. 물욕은 성욕과 마찬가지로 밑바닥 없는 항아리와 같아서 아무리 벌어도 허전하기 때문입니다. 자동차가 없는 사람은 중고 자동차라도 한 대 있었으면 좋겠다고 생각합니다. 그러나 막상 중고 자동차가 생기면 새 자동차가 사고 싶어지고, 새 자동차가 생기면 더 좋은 차가 갖고 싶어집니다. 욕망은 끝이 없지요.

그런데 돈을 더 벌고 싶은 욕망 뒤에는 창조를 향한 욕구가 숨어 있습니다. 자신의 인생을 그냥 이대로 끝내고 싶지 않은 절박한 욕구, 더 나은 삶을 살고 싶은 욕구입니다. 문제는 이 욕구를 채울 대상을 바르게 선택했는가입니다. 잘못된 대상을 선택하면 대개는 실패합니다. 잘못된 욕망은 우리 마음의 눈을 멀게 하고 자기 능력의 한계를 모르게 하며 가지 말아야 할 길을 가게 하기 때문입니다.

자신이 조절하지 못하고 맹목적으로 돈만 좇다보면 영혼을 병들게 하기에 하느님께서는 재물을 경계하라는 가르침을 주신 것입니다. 무조건 돈을 멀리하고, 돈을 벌지도 말고, 더 나은 인생을 만들기 위해 노력하지 말라는 말씀이 아닙니다. 돈이 우리 주인 노릇을 하는 것이 아니라 우리가 돈의 주인 노릇을 할 수 있다면 돈은 많이 벌어도 됩니다. 돈 많이 벌어서 좋은 곳에 쓰는 훌륭한 부자 되시기 바랍니다.

없으면 불편하고 불행해지기까지 하는 돈.
잘 벌어 잘 쓴다면 그보다 좋은 것이 없습니다.

죄 짓고 싶어
짓는 사람도 있을까

．
．
．
．

　요만큼도 죄를 짓고 싶지 않아서 세상을 떠나 사막에서 살던 청년이 있었습니다. 사막에서 홀로 기도만 하며 살다보니 청년은 자부심이 생겼습니다. '나는 하늘을 우러러 한 점 부끄럼 없는 삶을 살았다'라는. 청년은 복닥거리며 죄 짓고 사는 세상 사람들이 안쓰러워 무시하고픈 마음도 들었습니다. 이런 세상 길게 살면 뭐하나 하고 단식도 밥 먹듯이 했습니다. 그러다가 영양실조로 사막에 들어온 지 1년도 못 되어 죽고 말았습니다.

　그런데 반가이 맞아주실 줄 알았던 하느님은 어쩐지 시큰둥한 태도로 청년에게 말씀하셨습니다.

"고생 많았다. 넌 평소에 늘 깔끔하게 살았으니 성전 청소 담당을 맡아라."

청년은 툴툴거리며 매일 성전을 청소하며 지냈습니다. 며칠 후, 그날도 청소를 하고 있는데 멀리서 누가 건들거리며 오는 모습이 보였습니다. 자세히 보니 옛날 자신이 다니던 성당의 주임신부였습니다. 기도는 하지 않고 놀러 다니기만 좋아하고, 두어 명만 모이면 "기도합시다"가 아니라 "화투 칩시다"라는 말부터 하는 날라리 신부였지요.

'엉? 다른 사람은 몰라도 저 인간은 절대로 천당에 못 올 줄 알았는데.'

그런데 하느님께서는 신부를 보자마자 맨발로 달려 나와 반가이 맞아주시는 게 아닙니까. 그 모습을 본 청년은 드디어 울화통이 터져 하느님께 강력하게 항의했습니다.

"저처럼 속세를 멀리하고 깨끗하게 살아온 사람은 푸대접하시면서 죄 속에 파묻혀 살던 사람은 왜 그렇게 환영하십니까?"

"화내지 마라. 본당신부가 천당에 들어온 게 교회가 생긴 이래 처음이라 너무 반가워서 그랬다."

"아! 그러셨군요."

화가 풀린 청년이 룰루랄라 하며 저만치 사라지자 하느님은 신부에게 속내를 드러내셨습니다.

"아까 내 얘기 듣고 섭섭했냐? 사실은 쟤 때문에 너무 힘들다. 자기는 깨끗하고 고고하게 살아왔다고 하도 자랑을 하고 다녀서 천당 주민들이 쟤만 보면 밉다고 매일 나한테 와서 고해성사를 보니 몸살이 날 지경이다. 그런데 너 뭐 가져온 것 좀 없냐?"

하느님 말씀에 신부가 주머니에서 무언가를 주섬주섬 꺼내놓는데 성경책이나 묵주는 없고 화투와 마른오징어, 소주가 전부였습니다.

"신자들이 손에 묵주는 안 쥐어주고 하늘나라 가서도 좋아하는 거 하고 살라고 관 속에 넣어주더군요."

"그래? 아까 그 녀석이 보면 난리를 칠 테니 얼른 다시 집어넣어라. 이따 저녁에 만나 우리끼리 몰래 한잔하자."

지나친 죄의식 없이, 신앙생활을 건강하게 하면 즐겁고 행복합니다. 또 건강한 신앙생활은 우리의 삶도 변화시킵니다.

어느 '냉담 신자'가 보내온 편지 한 통이 기억납니다. 불교 신자인 장모님 때문에 본의 아닌 냉담 생활을 몇 년간 해온 신자였지요. 편지 내용은 이랬습니다.

장모님 장례를 치르러 다녀오는 사이에 집에 도둑이 들었습니다. 헤아려보니 모두 3,000만 원 상당의 물품이 사라졌습니다. 장모님을 여읜 슬픔에 집에 도둑까지 들어 이래저래 심란한데 며칠 후 택배 상자가 도착했습니다. 상자를 열어보니 잃어버린 물건들이 그대로 들어 있고, 편지도 한 통 동봉되어 있었습니다. 편지 내용은 놀라웠습니다.

'내가 어찌하다 귀댁에 들어가 물건을 훔치게 되었는데 미안하오. 안방 서랍을 보니 성서와 묵주, 기도서 등이 있던데 댁도 천주교 신자인 것 같수다. 창피하지만 나도 신자올시다. 그래서 몹시 갈등하다가 물건을 돌려주리라 결심했소. 형제님이 상계 성당 신자인 것 같아 신부님을 찾아뵙고 고백한 다음 신부님을 통해 돌려드리려 했는데, 신부님의 강론 말씀에 깨우친 바가 있어 택배로 부칩니다. 행여 경찰에 신고하셨으면 알아서 처리하시고 내가 저지른 죗값은 받겠습니다.

형제님도 그 신부님께 감사하시오. 위로는 하느님이 계시지만 그 신부님 때문에 물건을 돌려드릴 수 있게 되었으니까요. 저 역

시 그 신부님의 말씀을 명심하여 앞으로 다시는 범죄 짓지 않고 살겠습니다. 용서하시오.'

모두 하느님의 은총입니다. 이제 냉담을 끝내고 식구들 전부 데리고 다시 성당에 나가겠습니다.

본당 사목을 하면서 받아본 가장 기분 좋은 편지였습니다. 물건을 돌려준 이는 아마도 강론 중 '죄를 짓고 싶어 짓는 사람은 없다'는 이야기를 할 때 듣고 있었던 신자였나 봅니다. 더 이상 죄를 짓지 않으려는 의지를 갖게 되었으니, 건강한 신앙생활의 좋은 본보기가 아닐 수 없습니다.

66

건강한 종교생활은 죄의식에 시달리지 않고,
주눅 들지 않고 즐겁게 신을 만나는 것입니다.

99

잔꾀와 지혜의
차이점

• • • •

여러분, 흥부와 놀부 이야기 다 아시지요? 그 뒷이야기가 궁금하실 것 같아 알려지지 않은 비화를 소개해드립니다.

흥부는 제비 덕택에 큰 부자가 되었지만, 여전히 밭에 나가 푸성귀를 키우고 나무 그늘에서 땀을 식히는 농부생활을 하다가 조용히 이승을 떠났습니다. 반면 놀부는 동생 길던 것이 샘이 나 횟술을 마시다가 화병으로 죽고 말았습니다. 흥부와 놀부는 같이 베드로 사도 앞에 가게 되었지요. 그런데 베드로 사도 앞에는 큼지막한 통 두 개가 놓여 있었습니다.

"이 뭐꼬?"

놀부가 안을 들여다보니 한쪽 통에는 꿀이 들어 있고, 다른 한쪽 통에는 똥이 가득 들어 있었습니다. 의아해하는 흥부와 놀부에게 베드로 사도가 말했습니다.

"둘 다 옷을 벗어라."

흥부와 놀부가 옷을 모두 벗자 베드로 사도가 다시 말했습니다.

"두 통 가운데 하나를 선택해서 안으로 들어가라."

놀부는 잽싸게 흥부를 똥통에 밀어 넣고 자신은 꿀통 속으로 쏙 들어가 버렸습니다. 잠시 후 베드로 사도의 명령이 이어졌습니다.

"이제 밖으로 나와라. 다 나왔냐? 지금부터 상대방의 몸이 백옥처럼 깨끗해질 때까지 서로 핥아준다. 실시!"

우웩우웩, 구역질을 해가며 놀부가 흥부의 몸을 핥는데 문득 눈을 들어보니 자신의 아내와 제수씨가 베드로 사도에게 가고 있었습니다. 큼지막한 통 두 개 앞에서 두 여인은 걸음을 멈추었습니다. 이윽고 놀부 아내는 자기 남편처럼 흥부의 아내를 똥통에 밀어 넣으려고 했습니다. 그 찰나, 놀부가 다급하게 소리를 질렀습니다.

"안 돼! 똥통에 들어가!"

놀부의 아내는 의아했지만 남편이 하도 소리를 쳐서 하는 수 없이 코를 막고 똥통 속으로 들어갔습니다.

그러자 베드로 사도가 말했습니다.

"이제부터 남편들은 아내의 몸을 깨끗이 핥아주어라."

생전에도 일부러 제비 다리를 부러뜨리는 잔꾀를 부리다 혼이 나더니 죽어서도 제 꾀에 넘어간 놀부의 안타까운 사연입니다.

지혜는 없고 잔꾀만 부리는 사람이 있습니다. 잔꾀를 부리는 사람은 얼핏 지혜로운 사람처럼 보이나 시간이 갈수록 실체가 드러나지요. 그렇다면 지혜와 잔꾀의 차이는 무엇일까요?

잔꾀는 한순간을 모면하려는 것이고, 지혜는 미래를 보고 투자하는 것입니다. 잔꾀는 자신만의 편안함을 추구합니다. 지혜는 공동체를 생각하는 마음입니다. 잔꾀는 지금의 달콤함을 추구합니다. 지혜는 앞을 내다보는 눈입니다. 지혜 속에 사는 사람은 듬직하고 믿음이 갑니다. 잔꾀를 부리는 사람은 끊임없이 거짓을 만들어내지만, 지혜가 깊은 사람은 정도를 삽니다. 잔꾀를 부리는 사람은 눈동자가 늘 불안합니다. 지혜가 깊은 사람은 사람의 내면과 사물의 이면을 보고 있어서 그 눈이 깊습니다. 잔꾀를 부리는 사람은 주위 사람들로부터 서서히 불신당하고, 아무도 그에게 투자하려고 하지 않습니다. 지혜가

깊은 사람은 누군가가 키우고 싶어 합니다. 잔꾀를 부리는 사람은 적은 돈을 벌고 큰돈을 잃습니다. 지혜가 깊은 사람은 적은 돈을 잃고 큰돈을 법니다. 잔꾀를 부리는 사람을 보면 하루살이가 생각납니다. 지혜가 깊은 사람을 보면 거북이 생각납니다.

어떻게 잔꾀 부리는 사람들의 특성을 그리 잘 아느냐고요? 제가 소싯적에 잔꾀를 많이 부렸습니다. 제 별명이 여우였으니까요. 결국 제 잔꾀에 넘어져 코가 깨지고 난 후 그냥 곰처럼 살기로 결심했습니다. 하지만 아직 껍데기만 곰이고 속은 여우라서 마늘을 더 먹어야 합니다.

잔꾀가 아닌 지혜를 가지고 사는 여러분 되시기 바랍니다.

66
행복은 정직합니다. 잔꾀를 부리지 않고
지혜롭게 산다면 옆에 있다는 것을
금세 알 수 있습니다.
99

신앙이 필요한 이유

.
.
.

하느님 나라의 경제가 좋지 않더니 급기야 재정 적자 사태가 발생했습니다. 하느님은 긴급대책위원회를 소집하셨습니다. 베드로 사도가 나섰습니다.

"관광산업을 육성해야 합니다. 우리도 이제 여행사를 하나 만들어서 하느님 나라 곳곳을 둘러보게 하는 패키지 상품을 팔면 적자가 해소되지 않을까요?"

베드로 사도의 건의에 하느님은 크게 고개를 끄덕이셨습니다. 곧바로 저승관광여행사가 설립되고, 본당신부들을 통해 대대적인 홍보를 벌였습니다. 얼마 지나지 않아 수많은 사람들이 하느님 나라에 들이닥치기 시작했습니다. 사후 세계를 보려고 비싼 비용에도 아랑곳없이 여행을 오는 사람들로 재정 적자 해소에 적지 않은 도움이 되었습니다.

그렇게 몇 개월이 지났는데, 한국의 본당신부들이 하느님께 하소연하는 기도를 하기 시작했습니다.

"하느님, 신자들이 나오지 않아 성당 문을 닫게 생겼습니다."

"그게 무슨 소리냐?"

"천당과 지옥을 둘러보고 온 신자들이 천당에 가기 싫다고 난리입니다."

"왜?"

"천당이니까 으리으리할 줄 알았는데, 달동네 수준인데다 주민들도 꼬질꼬질해서 도대체 천당인지 난지도인지 잘 모르겠답니다. 그런데 지옥은 집들도 으리으리, 사람들도 삐까번쩍, 완전 멋셔서 차라리 죄 많이 짓고 지옥에 가겠답니다. 그래서 성당에는 발을 끊고 매일같이 부어라 마셔라 하며 살고 있습니다."

"저런!"

"어떻게 해야 할까요? 하느님, 도와주세요."

결국 하느님은 직접 한국 교회에 나타나셔서 강론을 하셨습니다. 겉으로 보이는 것이 전부가 아니다. 지옥 주민들은 서로 비교하느라고 마음이 불에 탄 숯검뎅이처럼 되어 살고 있지만, 천당은 겉으로는 꼬질꼬질해 보여도 서로 이해하고 도우면서 살아 행복지수가 높다.

그런데도 한국 사람들은 막무가내였습니다. 행복하게 지지리 궁상떨면서 사느니 숯검뎅이 같은 마음으로 으리으리하게 사는 게 낫다고 고집을 부렸습니다. 이런 한국 사람들 때문에 천당 달동네가 재개발에 들어갔다는 소식입니다.

하느님 나라에서도 가난하게 살기보다는 부유하게 살고 싶어 하는 것은 종교를 가지고 신앙생활을 하는 이유가 물질적으로 풍요롭게 살기 위해서임을 방증하는 것입니다. 복을 얻기 위해서 교회에 나가고 기도를 하는 것이지요. 돈을 많이 벌어 윤택한 생활을 하고 싶은 욕구는 자연스럽고 당연합니다. 문제는 돈이 신앙생활의 목적이 되는 것이지요.

사업을 하는 경우 사업이 잘 되는가 잘 안 되는가가 모든 것의 기준입니다. 그래서 며느리가 들어온 이후 사업이 잘되면 다행이지만 사업이 잘 안 되면 며느리 탓을 합니다. 집안에 사람이 잘못 들어와 사업이 잘못됐다고 말입니다. 며느리뿐만 아니라 며느리가 가지고 있는 종교까지 수모를 당합니다. "네가 그런 종교를 가져서 우리 집이 이렇게 됐다"고 종교를 포기하도록 윽박지르기도 합니다.

헌금을 적게 한 달은 장사가 안 되고 헌금을 많이 한 달은 장사가 잘 되어서 많은 헌금을 하고 기도도 많이 한다는 사람도 있고, 영세를 받고도 사업이 잘 안되면 쉽게 냉담해버리는 사람도 있습니다.

종교란 돈벌이 수단이 아닙니다. 물론 복을 빌기 위해 종교를 선택하는 간절한 마음이야 이해되지만 종교를 그런 것에 국한시키면 곤란합니다. 그런 사람은 종교뿐만 아니라 사람을 만날 때도 이 사람이 내게 어떤 이득이 될 것인가만 따질 것입니다. 그렇다면 신앙이 필요한 이유는 무엇일까요?

돈을 잘 벌기 위해서가 아니라 내적으로 성장하기 위해서입니다. 또 신앙은 우리가 빗나간 길을 갈 때 경종을 울려주는 역할을 합니다. 중국 광동성에 가면 거대한 불상이 있습니다. 사회주의 국가에서 참 신기하다 했는데, 한 시민의 말이 감동적이었습니다.

"돈 벌기 위해 바쁘게 살다보면 마음이 삭막해지기 쉬워요. 하지만 일을 하면서 가끔 저 불상을 보면 마음을 다시 정리할 수 있습니다."

신앙은 이렇게 우리의 마음을 붙잡아줍니다. 그래서 종교를 가진 아이들은 사춘기를 더 원만하게 보냅니다. 부모로부터 듣는 소리는 잔소리로 듣지만 종교 안에서 듣는 소리는 자신에게 주어진 메시지로 듣기 때문입니다.

제2의 사춘기, 사추기라고도 하는 시기에도 종교가 도움이 됩니다. 국어사전을 보면 사추기란 '중장년층이 새로이 정신적·육체적으로 변화를 겪는 시기를 이르는 말'이라고 나와 있습니다. 동서양을 막론하고 그 연배가 되면 살아온 세월을 돌아보면서 자기 평가를 하게 됩니다. 사춘기 때와 유사하게 내가 누구인가, 내 인생은 무엇인가 하는 주제로 고민을 합니다. 남은 생애를 어떻게 보낼지에 대해서도 생각이 많아집니다. 이때 길잡이 역할을 누가 하느냐가 중요합니다. 만약 신앙이 길잡이를 해준다면 내면세계를 다듬는 데 노력을 기울이면서 건강한 중년기를 보낼 수 있습니다.

노년의 신앙생활은 더 이상 말할 것이 없겠지요. 어린아이가 사는 게 무엇일까, 죽는 것은 무엇일까 고민하면 어른들은 야단을 칩니다.

"어린놈이 못하는 소리가 없어!"

젊은 시절을 생각하며 늙어가는 것을 슬퍼하는 노인 역시 야단을 맡습니다.

"늙어서 주책없이!"

어린아이들은 창창하게 남은 날들을 생각해야 하지만 늙어가는 사람들은 사후, 영원한 생명에 대해 생각해야 합니다. 노년기는 세상에서의 삶을 정리하고 하느님 나라로 가기 위한 준비를 해야 하는 때입니다. 이런 때 종교가 큰 역할을 하기에 신앙이 필요합니다.

"

신앙생활은 '나'를 알아가는 과정입니다.
그리고 내가 진정 원하는 게 무엇인지를 알아가는
과정입니다. 사는 맛을 느낄 수 있게 됩니다.
대부분 사람들은 자신이 원하는 것을 제대로
알지 못해 사는 맛조차 느끼지 못하기 때문입니다.

"

신부님의 속풀이 처방전2
화내면 화내고 힘들 땐 쉬어

교회인가	2013년 6월 20일
초판 1쇄 발행	2012년 7월 20일
초판 11쇄 발행	2022년 9월 1일
지은이	홍성남 신부
펴낸이	신민식
펴낸곳	가디언
출판등록	제2010-000113호
주소	서울시 마포구 토정로 222 한국출판콘텐츠센터 306호
전화	02-332-4103
팩스	02-332-4111
이메일	gadian@gadianbooks.com
홈페이지	www.sirubooks.com

ISBN 978-89-964899-5-5 (03230)